# García Lorca y México

Luis Mario Schneider

5

COORDINACIÓN DE HUMANIDADES
Programa Editorial

# García Lorca y México

## Luis Mario Schneider

Universidad Nacional Autónoma de México
México, 1998

A cien años del natalicio de FEDERICO GARCÍA LORCA

*Portada:* Acuarela de Federico García Lorca,
colección de Luis Cardoza y Aragón
*Diseño portada*: Mercedes Bulit

Primera edición: 1998

Dr © 1998, Universidad Nacional Autónoma de México
Ciudad Universitaria, 04510 México, D.F.

COORDINACIÓN DE HUMANIDADES
Programa Editorial

Impreso y hecho en México

ISBN: 968-36-6767-8

*En memoria de Juan Larrea y Luis Cernuda,*
*mis maestros españoles de Sur a Norte*

## A MANERA DE INTRODUCCIÓN

Federico García Lorca jamás pisó el espacio mexicano. Existen algunas referencias de su deseo de venir a este país que sin ninguna duda le hubiera hechizado, lo hubiera abrazado y abrasado. El documento más importante al respecto lo recoge *El Universal Gráfico* del 16 de abril de 1936, bajo el título "Será invitado a venir a México el poeta García Lorca".

Por medio del Instituto Hispano Mexicano de Extensión Universitaria, el Rector de la Universidad Nacional de México invitará al eminente poeta español Federico García Lorca para que venga a esta ciudad a sustentar algunas conferencias sobre poesía y teatro moderno.

La Universidad ha pensado en invitar al autor del *Romancero gitano*, teniendo en cuenta que dentro de breves días serán dadas a conocer a nuestro público algunas de las producciones teatrales de García Lorca, por la compañía de Margarita Xirgu, que actuará en el Palacio de Bellas Artes.

La invitación a García Lorca será hecha antes de que termine esta semana, por la vía cablegráfica.

No obstante esa ausencia, muchos mexicanos conocieron a Federico García Lorca y cayeron siempre subyugados por su personalidad y por la magia rítmica de su obra. Alfonso Reyes, Jaime Torres Bodet, Genaro Estrada, Eduardo Luquín, Luis Cardoza y Aragón, Salvador Novo y Antonieta Rivas Mercado tuvieron la fortuna de tratarlo y dejar testimonio de los encuentros. Para otros como Bernardo Ortiz de Montellano fue la figura del poeta andaluz profunda motivación poética y para Octavio Paz representó la forjadura de una palabra alucinante y a la vez referencia obligada para el análisis del lenguaje moderno. Además existen noticias de que el pintor y escenógrafo Julio Castellanos lo trató en Madrid al igual que el poeta Enrique González Rojo y los escritores José Elguero y José Elizondo; mientras que a los pintores Emilio Amero y José Clemente Orozco —quien realizó la escenografía para el Ballet-Homenaje en honor de García Lorca en 1945— los conoció en Nueva York.

¿Qué se sabía en México de Federico García Lorca antes de su atroz asesinato? Prácticamente muy poco. El documento más antiguo hallado donde se cita a Federico García Lorca aparece en *Horizonte*, órgano del estridentismo, el movimiento vanguardista mexicano, en el número 7 en octubre de 1926, cuando Arqueles Vela envía desde Madrid una nota sobre el libro *Vísperas del gozo* de Pedro Salinas. Allí se dice:

> …entre la exuberancia de Federico García Lorca y el cerebralismo de Jorge Guillén, los dos característicos de las dos avanzadas tendencias poéticas en España, Pedro Salinas es como un término medio…

Posteriormente apareció un reportaje de Febronio Ortega, "La España Nueva de Federico García Lorca" en *El Universal Ilustrado* del 2 de diciembre de 1926, cuando el reportero fue como corresponsal a Madrid. Texto que incluye, quizás también por primera vez, un retrato del granadino junto con el periodista en los jardines de la Residencia de Estudiantes.

La llegada del primer *Romancero gitano* editado por la *Revista de Occidente* en 1928 tampoco causó excesiva conmoción; solamente se conoce una reseña, la de Bernardo Ortiz de Montellano en la revista *Contemporáneos*. Un dato más sobre sus libros es una nota crítica de José D. Frías, "Un poeta popular en *Crisol*", el 31 de julio de 1932, sobre *Poema del cante jondo*, publicado por Ediciones Ulises en Madrid el año anterior.

Tampoco causó conmoción, no podía hacerlo con un tiraje de sólo 50 ejemplares, la publicación de la plaquette *Oda a Walt Whitman*, en 1933 por la revista *Alcancía*, proeza encabezada por Justino Fernández y Edmundo O'Gorman, sólo para disfrute de amigos.

Lo que realmente empieza a colocar a García Lorca en el ambiente mexicano fueron las representaciones de la compañía de Margarita Xirgu bajo la dirección de Cipriano Rivas Cherif —quienes representaron por primera vez a García Lorca en 1929—, que debutó el 18 de abril de 1936 en el Palacio de Bellas Artes, temporada que concluyó el 31 de agosto en el Teatro Arbeu, es decir, después de poco más de tres meses. El extensísimo repertorio englobó de Federico García Lorca: *Yerma*, *Doña Rosita la soltera o El lenguaje de las flores*, *Bodas de sangre* y *La zapatera prodigiosa*. Vale anotar que la conflagración española se inicia a mediados de julio y la muerte de Federico García Lorca ocurre el 19 de agosto de ese mismo año.

La desaparición de García Lorca fue registrada en México como un dolorido rumor, hasta la fatal confirmación y donde no existe periódico ni revista que no recoja la noticia. Anónimos o con firmas reconocidas, se dieron a la publicidad artículos o ensayos condenatorios que enlazaban la situación política de la guerra civil española con el hecho de enmudecer una joven y definitiva voz de la historia. Lo más sonado fue el "Homenaje a Federico García Lorca" en el Palacio de Bellas Artes el sábado 14 de noviembre a las 20:30 horas, organizado por la Liga de Escritores y Artistas Revolucionarios con la cooperación del Frente Popular Español y de la Juventud Comunista de México. Como curiosidad se cobraba $0.25 la entrada a beneficio del Frente Popular Español. El programa fue el siguiente:

| | | |
|---|---|---|
| I. La juventud y la defensa de la cultura | *José Revueltas* | |
| II. Los intelectuales mexicanos frente al caso español | *Germán List Arzubide* | |
| III. 3 piezas para 10 instrumentos (primera audición) a) Baile b) Duelo por García Lorca c) Son | *Silvestre Revueltas* | |
| IV. El momento español | *Ramón García Urrutia* | |
| V. Significación de García Lorca | *Juan Marinello* | |

11

Para dicho acto se presentó una *Breve antología de Federico García Lorca*, editada también por la Liga de Escritores y Artistas Revolucionarios, con prólogo del cubano Juan Marinello entonces residente en México, mismo texto que fue leído por el escritor en dicha velada. La portada de la *Antología* lleva un grabado-retrato de García Lorca realizado por A. Silva D.

La bibliografía que en México se ha podido recoger sobre el granadino, demuestra una continua presencia e interés en los años subsiguientes por su persona y su obra.

En este recorrido que más bien formula grandes hitos hay que destacar de manera importante para el conocimiento de Federico García Lorca en el país, la presencia de los grandes poetas y escritores españoles que comienzan a arribar alrededor de los años cuarenta. Muchos de ellos presencias vinculadas, diría más, amistades fraternas del sacrificado creador. Grupo que dio como testimonio fehaciente de su devoto reconocimiento la publicación de *Poeta en Nueva York*, por la editorial Séneca en 1940, dirigida por José Bergamín, quien lo prologa con el excelente ensayo "La muerte vencida", unido a "El crimen fue en Granada" de Antonio Machado, e iluminado con cuatro dibujos originales de García Lorca.

Asimismo revistas nacionales tanto en instituciones académicas o aquellas otras culturales como *Letras de México*, *El Hijo Pródigo*, *Taller*, o las fundadas por los exiliados, *España Peregrina*, *Las Españas*, *Litoral* o suplementos literarios de los diarios *El Nacional*, *El Universal*, *Excélsior*, *Novedades*, o los semanarios *Revista de Revistas*, *Mañana*, *Hoy,* etcétera, van notificando de diversas maneras la actualización, la traza de Federico García Lorca, periplo exegético no sólo de lo que se dice en México, sino de estudios o datos que provienen del extranjero, de nuevas aportaciones críticas de su vida y su obra, de las innumerables representaciones de su dramaturgia; de los conciertos orquestales y corales basados en su poesía, amén de reediciones de sus libros, de reproducciones de sus poemas, etcétera, etcétera.

El interés que movió para la realización de este volumen es, como lo indica el título, formular un itinerario de Federico García Lorca centrado en actitud absoluta dentro de la mirada mexicana. Vale mencionar que el Festival Internacional Cervantino, uno de los acontecimientos culturales y anuales de México, va a estar dedicado al granadino. Por ende, margino todas las valiosas apreciaciones de españoles o de escritores de otras nacionalidades aunque las colaboraciones de ellos estén registradas en la bibliografía.

Me pareció útil seleccionar en un "Apéndice" aquellos textos más sobresalientes —incluidos prosa y poesía— de los escritores mexicanos que se han ocupado de Federico García Lorca. De igual manera añado las partituras que con base en las letras del poeta compusieron músicos como Silvestre Revueltas, Carlos Chávez y Salvador Moreno.

*Malinalco, enero-marzo de 1998.*

TRAZA MEXICANA

## ALFONSO REYES

Alfonso Reyes, el escritor mexicano más universal, fue el primero en conocer a Federico García Lorca en 1921 cuando el granadino decide desde el año anterior permanecer largas temporadas en Madrid. Es indudable que el contacto se realizó a través de la revista *Índice* dirigida por Juan Ramón Jiménez y Alfonso Reyes y cuyo primer número apareció, después de algunos avatares, en julio de ese 1921. Como se sabe, su propósito era, más allá de constituirse en grupo, publicar la creación de escritores españoles e hispanoamericanos. De *Índice* sólo salieron cuatro entregas, la última, a pesar de la promesa de una periodicidad mensual, se dio a conocer en abril de 1922.

En el número dos se incluye, de García Lorca, "El jardín de las morenas"; en el siguiente, "La suite de los espejos", y en el último, "Noche". Estos datos llevan a la conclusión, sin ninguna duda, de que el trato entre el mexicano y el español se afirmaría en la superabundancia de esos tiempos de tertulias, peñas, cafés, etcétera.

En abril de 1924 Alfonso Reyes deja tierras peninsulares, sin embargo no se ausenta, no cercenará durante toda su vida esos años de convivencia, de hermandad, de extendida solidaridad con los escritores de su generación y los más jóvenes. En "Historia documental de mis libros" [cuya primera versión se dio en la *Revista de la Universidad,* México, enero-febrero de 1955, y la definitiva en *Armas y Letras* de Monterrey en abril del mismo año] —escrito que abarca desde los inicios literarios de Reyes y cubre fundamentalmente su fecunda época madrileña de 1914 a 1924— recordará:

Entre los años de 1921 y 1922, Juan Ramón Jiménez y yo llegamos a publicar hasta cuatro números de una revista cuyo nombre se ha popularizado después. La revista se llamaba *Índice*, se deseaba hacerla aparecer mensualmente, tenía cierta calidad de transparencia, cierta condición de aérea vivacidad, vertiginosa y saludable, como todo aquello en que Juan Ramón pone la mano. La impresión era pulquérrima y fina obra de García Maroto, que hoy es ya todo un mexicano. En aquellos cuadernos escribían solamente los jóvenes o los juveniles, y algunos hicieron allí sus primeras armas. Entre sus firmas, amén de las consagradas y conocidas (Juan Ramón, Antonio Machado, "Azorín", Ortega y Gasset, Díez-Canedo, Pedro Henríquez Ureña, Moreno Villa, Gómez de la Serna, Adolfo Salazar, Corpus Barga), se estrenaban casi, las de Pedro Salinas, Antonio Espina, José Bergamín, Jorge Guillén, Federico García Lorca, Dámaso Alonso, Gerardo Diego, Marichalar. *Índice* no ofreció programa: demostraba el movimiento andando. Recogía páginas selectas, españolas y universales.

En el caso de Federico García Lorca, cuya mención es constante —aclarando que Reyes solía hacer anotaciones que ampliadas posteriormente formulaba en libros autónomos, de esta manera en "Los autos sacramentales en España y América" escrito en 1918, que aparece en *Capítulos de literatura española* (1939 y 1945)—, el escritor da cuenta:

> Merece señalarse un intento de resurrección del drama alegórico espiritual entre los poetas españoles contemporáneos: Rafael Alberti, *El hombre deshabitado*; Miguel Hernández, *Quién te ha visto y quién te ve* y *Sombra de lo que eres*; José Camón Aznar, *El pozo amarillo*, milagro en un acto. Hace pocos años, con su compañía de estudiantes universitarios, La Barraca, Federico García Lorca y Gerardo Ugarte representaban por los pueblos de España, entre otras cosas, el auto sacramental de Calderón, *La vida es sueño*, con decorados de Benjamín Palencia.

Alfonso Reyes en *Las vísperas de España* (Buenos Aires, Sur, 1939) vuelve a comentar su labor en la ya citada revista:

> Con Juan Ramón colaboré más tarde en [...] *Índice*. En sus pocos números, esta revista congregó a los más jóvenes: Federico García Lorca, José Bergamín, Dámaso Alonso, Jorge Guillén, Antonio Marichalar, Antonio Espina.

En 1942, en *Filosofía y Letras* (México, octubre y diciembre, número 8), Reyes da a conocer un ensayo, "Los estímulos literarios", que más adelante formaría parte de *Tres puntos de exegética literaria*, en donde refiere:

> Se ha pretendido también buscar un valor afectivo en los colores, no por convención o juego como en el lenguaje de los colores, el lenguaje del abanico o el lenguaje de las flores, de que a su vez es gala y flor *Doña Rosita la soltera*, de García Lorca, sino en un sentido real, psicológico.

*El Deslinde* (1944), uno de los libros más célebres y consultados de Alfonso Reyes, al revisar las características del drama incluye una novedosa aproximación a García Lorca.

> La tuberculosis en *La dama de las camelias*, que colinda con el tipo obvio; dramas patológicos en general: *Los espectros* de Ibsen. El matador de toros Ignacio Sánchez Mejías, llorado por García Lorca, acertó con un drama cuyos personajes son todos sujetos freudianos.

La guerra civil española fue dolor para la mayoría de los intelectuales de España, pero también fue dolor para casi todos los poetas de América Latina. El asesinato vil de Federico García Lorca fue, quizás, un acontecimiento que denuncia la desgarradura y la injusticia histórica que envolvió en ese momento al pueblo español. Entre tantos, Alfonso Reyes en lírica lamentación dio testimonio agónico de esa sinrazón, de ese calvario, de esa congoja.

*Cantata en la tumba de Federico García Lorca*, terminada en Buenos Aires en mayo de 1937, cuando oficiaba como embajador en la Argentina, fue publicada en *plaquette* ese mismo año por Luis Seoane. Reproducida en México en *Letras de México* en el número 20 del 1° de diciembre también de 1937 y vuelta a editar en *La vega y el soto* (1946).

El poema fue teatralizado por Margarita Xirgu con recitación de Moni Ermello y música de D. Pahissa en el Teatro Smart el jueves 23 de diciembre de 1937. La solemne representación se comentó elogiosamente en los principales periódicos de aquel país.

Cuando Alfonso Reyes preparó el volumen de todos sus versos con el título de *Constancia poética* para el Fondo de Cultura Económica, en la colección Letras Mexicanas en 1959, agregó en seguida de las voces del reparto —El padre, La hermana, La madre, La novia y la Guardia de milicianos— un texto elucidado de su estado espiritual frente al arbitrario hecho, y a la vez explicativo de su atadura a la simbología lorquiana.

La *Cantata* salió como brota un quejido, aunque naturalmente tuvo que pasar por la razón.

Precisamente el esfuerzo consistió en darle cierta expresión objetiva de "epos". Por eso, en vez de acudir a resortes de la propia sensibilidad, se acudió a los símbolos eternos; el tributo de la naturaleza amontonado sobre una tumba: las regiones, la geografía humana de España; El padre, La madre, La hermana, La novia —los cuatro costados del corazón—. Situada así la acción en el espacio físico y en el "espacio del alma", había que situarla en el tiempo. El trueno de los milicianos, desde el fondo, la arraiga en el presente: la evocación de los temas líricos gratos a Lorca, la reminiscencia del Caballero de Olmedo, la atan a la tradición, al pasado: y el grito vengador final (tras los esfuerzos abortados de La madre, que por más que hace no logra salir de la obsesión de una frase trunca: "¡Pero tu sangre...!"), la lanza al porvenir, al porvenir que es nuestro.

Así *Cantata en la tumba de Federico García Lorca* conlleva dos lecturas, no sólo es en Alfonso Reyes consecuencia de un atropello de la historia, sino la culminación dolorosa de una voz que subraya amistad y duelo.

# FEBRONIO ORTEGA

El periodista Febronio Ortega está en Madrid como corresponsal de *El Universal Ilustrado* a finales de 1926. Precisamente ese semanario recoge el 26 de diciembre la primera y única entrevista, realizada por un mexicano a Federico García Lorca. Corona el reportaje una fotografía, también la primera en el país, del poeta al lado del articulista en los jardines de la Residencia de Estudiantes. Sin embargo ambos se juntan inicialmente en el salón "Savoia", un extraordinario encuentro en que "Pedro Salinas, Claudio de la Torre, Federico García Lorca, Cipriano Rivas Cherif, Néstor Gustavo Durán, Manuel Azaña, González Rojo, están a punto de iniciar la desbandada de verano hacia diversas ciudades de España, en busca de mejor clima". Ortega describe al singular y trascendente grupo.

Yo veía, inmediatos: el cuerpo recio, alto de Pedro Salinas, enfundado estrictamente en su traje negro, con el rostro vivaz lleno de color; la displicencia —¿desilusión?— de Manuel Azaña, los anteojos encandilados de Claudio de la Torre, la ironía de Rivas Cherif, la malicia de García Lorca, el entusiasmo de Gustavo Durán, músico.

La conversación se diversifica, se habla de toros, de danza:

García Lorca —rostro moreno, la mitad del cabello peinado, la otra caída sobre la frente, ojos pequeños y penetrantes— charló con ese ponderativo desbordamiento andaluz.

Al cancelarse la reunión, el reportero y el poeta se encaminan a la Residencia de Estudiantes. Ahí el almuerzo y la entrevista —en la biblioteca y la habitación de García Lorca— se realizan poco ortodoxamente, deambulando sobre diversidad de temas: Salvador Dalí —"Este pintor, gran pintor joven, es uno de los mitos de García Lorca, creador de mitos, según asegura de sí mismo"—, la descripción de algunos de los cuadros; en seguida se enumeran las formas del "cante jondo". En la plática del café lo más relevante, las confidencias de García Lorca.

> Yo deseo la obra de arte construida, hecha con esqueleto de plata, asentada con firmeza, y de gran aliento. Los versitos no son dignos de los poetas. Es necesario hacer la oda, el poema extenso. Soy franco: he escrito unos romances que aspiro a que sean incorporados al *Romancero*. Con esa intención están hechos. Si no lo dijera, no tendría valor. El arte, amigo, es un juego, sí, pero un juego serio.

Otros comentarios inscriben tajantes apreciaciones:

> ¿El ultraísmo? No dejó nada, nada. El teatro anda mal en España. Obras cursis, sucias. Tengo los *Títeres de Cachiporra*, *Mariana Pineda* y otras, que leyó Gregorio Martínez Sierra. Llorando.

Aquí expresa su miedo al público, de ahí la dilación en estrenarlas. Ya en confianza el granadino le dice:

> Aunque usted no me lo ha pedido, voy a leerle algunos versos míos. No le cuente a nuestros amigos, porque murmuran de que no publique. Creo que a un poeta, antes de hacerle preguntas, deben escuchársele sus poemas.

Luego la declaración de su originalidad:

> Habrá notado, Ortega, que en mis poemas utilizo elementos no empleados antes: el carabinero, el inglés que va a Andalucía, etc. Mi ambición es la de lograr una obra de mi tierra y universal, como Falla en *El amor brujo*…

Al concluir en los jardines lo que fue más un intercambio de anécdotas que una entrevista, Febronio Ortega, gracias a la generosidad de García Lorca, traía consigo dos poemas, los cuales publicaría en su revista con el encabezado "Poemas de Federico García Lorca" especiales para *El Universal Ilustrado*.

## BERNARDO ORTIZ DE MONTELLANO

Bernardo Ortiz de Montellano jamás conoció a Federico García Lorca, es decir, no lo trató personalmente aunque en su creación literaria no sólo fue devoto admirador del andaluz, sino que su personalidad ocupó un lugar mágico y preponderante.

Ortiz de Montellano, de todos los del grupo de Contemporáneos fue el que reseñó, precisamente en la revista homónima, el *Romancero gitano*, en el número IV de septiembre de 1928, pocos días después de haber sido publicado por la *Revista de Occidente* en Madrid.

Apoyado en las investigaciones de Menéndez Pidal, quien asentó que España es el país europeo del romance, poética "de arraigo nacional", que no solamente se nutre de esta forma en el pasado sino de la generación de poetas nuevos, Ortiz de Montellano se pregunta: "¿Es acaso Federico García Lorca —gitano de los romanos nuevos— un hereje?" La respuesta se inscribe en otra duda, por lo que comenta: "¿Hasta qué punto se pueden distinguir en su poesía sus límites de la fe heredada, su modernidad?"

Antecedente de Lorca es para Ortiz de Montellano la poesía gongorina, y en especial el romance donde el poeta cordobés, "dominando el interior impulso ciego" de la verbosidad tradicional, fue con esa forma propiciador de una herejía respecto a la calidad folklorista congénita del romance; el poeta mexicano distingue dos senderos: "uno de fidelidad, apego y perfecciones técnicas; el otro, más orgulloso, inventivo, personal", todo para ejemplificar a García Lorca dentro del primer grupo, y a José Bergamín, con un libro, *Enemigo que huye*, dentro del segundo. En resumen, el *Romancero gitano* forma parte de la herencia española, próximo a Góngora y por ende alejado de una absoluta expresión folklórica.

23

Sensualidad, dramatismo, intenso colorido, todo en la conjugación de imágenes certeras, "con la gracia penetrante de la luz", son tónicas de García Lorca para crear romances inusitados. Más aún, en ellos se descubre erotismo, imaginación, una mística que no cercena conjuros y maldiciones, propiedades del universo gitano. Siente Ortiz de Montellano especial predilección por "La casada infiel" y por "La Guardia Civil", donde se rinde apego, límite, pero a la vez profundidad.

Así el *Romancero gitano*, al igual que Rafael Alberti y alguno de los escritores del grupo Litoral, retoman la tradición española afirmada en Góngora y en Juan Ramón Jiménez. Ortiz de Montellano celebra esta concepción pero a la vez se pregunta por qué ve en García Lorca un temperamento más sugestivo y rico que el de sus compañeros: "¿intentará la revisión herética de su poesía?"

El escritor mexicano da a conocer en 1931 *Primero Sueño* en limitadísima edición, sólo cien ejemplares, ilustrada por Alfredo Zalce y bajo el sello de Contemporáneos. A la composición precede un relato del sueño, un argumento en prosa, fiel generador de los versos. Guión que reproduzco:

Suben olas de polvo. El poeta andaluz y yo caminamos por la orilla del río del Consulado. En un jacal —caja de juguetes— cubierto por enramadas de flores, descubrimos un velorio indígena: tres niñas, sentadas, giran alrededor de la niña muerta, cantando coplas alusivas a la "flor del romero" —causa probable de la muerte de la niña—. Suena, en la canción, el nombre de López Velarde. Reanímase en mi mano la niña muerta. Crece como una flor o una ciudad, rápidamente. Después vuelve a quedar dormida.

Seguimos caminando. El poeta andaluz repite entre malas palabras, como si tratase de no olvidarlo, un estribillo musical, medida para encargar la fabricación de una guitarra.

Formados, en grupo, aparecen algunos indios. Cada tres hombres conducen una guitarra, larga como remo, compuesta de tres guitarras pintadas de colores y en forma cada una de ataúd. Todos tocan y bailan.

Llega otro grupo de indios congregantes, surianos por el traje, armados, portando estandartes e insignias de flores y, con ellos, tres o cuatro generales montados en caballos enormes (¡enormes caballos de madera!). Mi amigo [...] y yo, confundidos y confusos entre los indios, sentimos —ángeles de retablo— el gesto duro, de máscara, con que uno de los generales ordena a sus soldados: ¡fuego! Y desperté.

Años después en *Letras de México*, el 15 de enero de 1941, Ortiz de Montellano publica "Diario de mis sueños", dividido en tres conceptos: "La experiencia del dolor en los sueños", "La belleza plástica en los sueños" y "La previsión en los sueños", este último fechado no gratuitamente el 27 de septiembre de 1936.

No gratuitamente porque fue escrito al conocerse en México la muerte de Federico García Lorca. Hecho que elucida para el escritor el enigma y la premonición de un destino de aquel poeta andaluz del *Primero Sueño*.

La angustia del sueño —lo recuerdo— era la del fusilamiento ordenado con la voz ¡fuego! contra el grupo en donde nos encontrábamos el poeta andaluz y yo. El poema lo dice:

Acompañan la voz de los jinetes
oraciones con letra de retablo,
densas nubes de polvo, que los siguen
con la sombra de los fusilados.

Bernardo Ortiz de Montellano reitera y manifiesta con base en esta experiencia excepcional, que fundamenta gran parte de su poética, ese mundo onírico poblado de concordancias humanas, metafísicas.

Cinco años después de escrito el "Sueño" ha muerto fusilado por la inconsciencia y la maldad, el gran poeta García Lorca —sombra andaluza que andaba conmigo en el poema— y una vez más confirmo que en los sueños, a veces cargados de videncia y que tantas veces echamos en olvido, se anticipan sucesos por venir.

Gitano el poeta, gitano algún antepasado mío —mi abuelo, andaluz del puerto de Santa María: ojos verdes, tez morena—, ¿por qué no nuestros destinos pueden haber pasado juntos por un sueño?

## JAIME TORRES BODET

Cuando Emilio Portes Gil tomó posesión como presidente de la República Mexicana, Jaime Torres Bodet decidió renunciar a su empleo en el Departamento de Salubridad Pública. En 1929 el escritor ingresó a la diplomacia y fue adscrito como tercer secretario de la embajada de México en España, arribando a Madrid, vía París, el 22 de abril.

En *Tiempo de arena*, el primer volumen de sus memorias publicado en 1955, precisará con lujo de detalles toda su existencia española, especialmente en relación con el ambiente intelectual.

Torres Bodet es continuo asistente a la peña del Café Regina, comandada "gloriosamente por Ramón del Valle Inclán", quien como se sabe había estado en México en dos ocasiones e inclusive fue jurado en los Juegos Florales, convocados por la Universidad de México con motivo del Centenario de la Independencia, en los que fue triunfador.

El encuentro del mexicano con los de la generación española más joven se dio en ambientes distintos, "menos ruidosos", quizás de más intimidad, pues con algunos de ellos se conocía por correspondencia, como en el caso de Pedro Salinas y Benjamín Jarnés.

La relación con Federico García Lorca se entabla la víspera en que éste va a emprender su viaje a Nueva York, en un convivio organizado por el propio Pedro Salinas. Como constancia de tal reunión, en las *Obras completas* de Federico García Lorca existe una fotografía en la que aparecen Torres Bodet, Ángel Vegue y Goldoni, Pedro Salinas, Juan Guerrero Ruiz, García Lorca, Luis Cernuda, León Sánchez Cuesta, Matilde Pomés, Oscar Esplú, José Bergamín, Claudio de la Torre y Gerardo Diego.

Torres Bodet rememora aquel encuentro:

Habríamos podido seguir charlando durante horas. Sin embargo, el banquete empezaba apenas. Los demás comensales retenían ya mi atención. García Lorca en primer lugar, a quien todos tuteaban gozosamente y que dirigía a todos una palabra andaluza, rebosante de simpatía. Demostraba una viva curiosidad por saber lo que le aguardaba (a él, tan gitano y tan curvilíneo) en las calles rectangulares de Nueva York. Y, con plasticidad inimitable, imitaba —para divertir a sus compañeros— las locuciones y los pasos de las figuras más eminentes de la tribuna, el teatro y la cátedra madrileños.

Dentro de ese estilo particularísimo de Torres Bodet que consiste en estampar un breve retrato del personaje como pretexto para desplegar intelectualizaciones, erudición o conocimiento sobre la obra del mismo, en torno a García Lorca expresa:

Desde los días felices del *Romancero*, y su poesía había ido creciendo, desenvolviéndose y madurando. Mientras los jóvenes de España y de Hispanoamérica se empeñaban en inventar octosílabos heredados de "Antoñito el Camborio" y de "La casada infiel",

> (El almidón de la enagua
> me sonaba en el oído
> como una pieza de seda
> rasgada por diez cuchillos),

Federico se disponía a experiencias más peligrosas —las de sus poemas de Nueva York— y, sobre todo, a empresas más arduas y más humanas: las de la escena.

Inmediatamente pasará a cuestionar la importancia renovadora y poética del teatro del andaluz y del francés Jean Giraudoux:

Es significativo que dos de los escritores mejor dotados de aquel periodo (Giraudoux en París y García Lorca en España) se hayan descubierto merced a una victoria, absolutamente consciente, sobre las dificultades del diálogo teatral. Como *Eglantina y Elpenor*, el *Romancero gitano*, por hermoso que nos parezca, marcaba un límite; era el resumen de una biografía poética intensa y breve. Ni Federico ni Giraudoux hubiesen ganado mucho con repetirse. Uno y otro necesitaban el concurso de una aventura técnica, digna de aproximarlos —de manera más decisiva— a las obligaciones y al oficio de "autor". En la prueba, uno y otro vencieron, no porque abandonaran sus métodos de poetas, sino —al contrario— porque enriquecieron la comedia y el drama con la lección de su poesía. Poesía en prosa, como la del profesional de "Adorable Clío"; poesía en verso, como la del creador de la "Oda a Walt Whitman", de "Navidad en el Hudson" y del "Panorama ciego de Nueva York".

Las remembranzas de aquellos instantes gozosos traen también a la memoria del mexicano el posterior dolor de la historia:

Nada, entonces, hacía prever el desastre que acabaría por dispersarlos en la angustia, en la noche y en el destierro. ¿Quién hubiera creído que García Lorca moriría fusilado, en la bruma de un alba trágica, bajo el cielo de esa Granada que no era sólo el paisaje nativo de su existencia sino la capital entrañable de su lirismo?

Otras tantas referencias sobre García Lorca circulan en las *Memorias* de Jaime Torres Bodet. Destaco solamente otras dos. En 1932 en París conoce a Paul Valéry a través de Matilde Pomés y entre la plática surge el nombre de Lorca, así lo cuenta en *El desierto internacional*:

Me preguntó por algunos amigos españoles, que apreciábamos en común: Pedro Salinas y Jorge Guillén. Creo que no le interesaba mucho Federico García Lorca. O lo conocía poco, o no se acordó de él en tal oportunidad.

La segunda, un día de julio de 1934, como consta en *La victoria sin alas* en donde destaca la influencia del granadino en Reyes.

Una cuarteta de Alfonso vibró en mi oído:

> Pasa el jinete del aire
> montado en su yegua fresca,
> y no pasa: está en la sombra
> repicando sus espuelas.

Había, sin duda, mucho de García Lorca en aquellos versos que parecían andaluces, acaso por brasileños.

## ANTONIETA RIVAS MERCADO

Antonieta Rivas Mercado hace el trayecto en ferrocarril de México a Nueva York, y arriba a esta ciudad el 6 de octubre de 1929. Muchas conjeturas existen sobre este viaje, si se piensa sobre todo que desde que conoció en el mes de marzo de ese año a José Vasconcelos había entrado a una pasión por él y se había transformado en una de las principales lideresas de la campaña presidencial del oaxaqueño, y, como se sabe, las elecciones fueron en noviembre y este candidato resultó vencido. A todo ello habría que agregar que Antonieta Rivas Mercado sufría continuamente de crisis que la llevaban indistintamente de una exaltación desmedida a estados depresivos totales y que solía resolverlos con arranques y huidas.

Testimonio de la existencia de la Rivas Mercado en Nueva York son las costas que ésta cruzó desde esa ciudad con Manuel Rodríguez Lozano, su amor imposible de muchos años. Así, el miércoles 9 le escribe.

Ayer vino a buscarme Maroto, quien ha hecho una teoría para justificar su incapacidad de aprender inglés. ¡Es el hombre que no quiere aprender inglés para defender mejor su integridad espiritual! Está aquí García Lorca y mañana me lo va a presentar.

En la siguiente del jueves 11 declara:

Está aquí Maroto a quien sólo por esto le perdono. Me presentó a García Lorca, quien está pasando el invierno en Nueva York, en Columbia, escribiendo y conociendo Nueva York. Ya es mi amigo. Un extraño muchacho de andar pesado y suelto, como si le pesaran las piernas de las rodillas a abajo —de cara de niño, redonda, rosada, de ojos oscuros, de voz grata. Sencillo de trato sin llaneza. Hondo, se le siente vivo, preocupado de las mismas preocupaciones nuestras: pureza, Dios. Es niño, pero un niño sin agilidad, el

31

cuerpo como si se le escapara, le pesa. Culto, de añeja cultura espiritual, estudioso, atormentado, sensible. Toda una tarde en que perdimos a Maroto rumbo al centro en el *subway*, anduvimos juntos diciéndonos cosas, pocas pero reales. Parecen las cosas que se dicen los que se reconocen, las palabras rituales de una comunicación profunda. De la gente que está aquí es el único que siento cerca de mí. Su última obra es "Una oda al Sagrado Sacramento". Atormentado de Dios —querría levantar cosecha de inquietudes.

El día 15 de noviembre le envía al pintor mexicano un plan de trabajo basado en seis puntos que pensaba realizar durante ese invierno de 1929 a 1930. En el apartado segundo dice: "Dar a conocer: Manuel Rodríguez Lozano, Abraham Ángel, Julio Castellanos y Federico García Lorca. Plan de propaganda".

No es ocioso reflexionar sobre el carácter, sobre esa afición de Antonieta Rivas Mercado de transformarse y ser centro y promotora de la cultura. Esto es tan evidente en el caso de Federico García Lorca, que insensatamente se transformaría en su impulsora cuando el poeta fue invitado por una de las universidades más famosas de Estados Unidos, cuando en Nueva York se encontraban sus amigos Fernando de los Ríos, Dámaso Alonso, Federico García Lorca, Federico de Onís, Andrés Segovia, León Felipe, García Maroto, etcétera.

Una tercera mención se da en otra, fechada el jueves 17, en la que le comenta a Rodríguez Lozano que mandó pedir a México "las leyendas de Andrés [Henestrosa], pues García Lorca (capítulo aparte) quiere conocerlas". La carta está inconclusa, sin embargo al final de la misma, retoma el retrato de García Lorca y así este es:

Angélico [...] es una creatura de Dios con estupenda, fina, aguda sensibilidad inquietante, de trato fácil [...] claridoso como chiquillo malcriado; va sólo a lo que le gusta, directo pero no primitivo [...] de una vieja familia andaluza, el padre es ganadero rico —descendiente de una de las familias moras que fueron las primeras—, con agudo buen humor irónico —discípulo y amigo de Falla.

El domingo 20 le comenta a Rodríguez Lozano la urgencia para conseguir las leyendas de Andrés, pues asegura que "García Lorca me va a ayudar a dramatizar dos o tres. Yo haré las traducciones al inglés". La intimidad llega al grado —según dice Antonieta— que "Lorca me proporcionará cosas de teatro suyas —dos que le voy a mandar a usted para que las lea—, están inéditas aún", pero todavía más, asegura que en una aventura cultural, por cierto plural, "Lorca ha prometido ayudarme en todo. Tiene una sensibilidad preciosa".

La amistad con el granadino prosigue y en la carta del miércoles 30 la información de esta amistad es mayor:

> El estudio de Amero es centro de reunión. Allí nos ha leído Lorca dos de sus cosas de teatro, estupendas. *Los títeres de Cachiporra* y *Amor de don Perlimplín con Belisa en su jardín* y *Aleluya erótica*. Allí nos ha cantado canciones de toda España, en un curioso y delicioso mapa geográfico que le va a uno entregando a través de las melodías. Nos ha recitado sus romances y las últimas cosas que está escribiendo.

En la larga carta las referencias sobre García Lorca son constantes, le comenta a Rodríguez Lozano que le ha hablado mucho de él, tanto que afirma que García Lorca ya se ha vuelto un amigo y "admirador suyo". Da a entender que el andaluz está empapado del mundo mexicano y de las amistades de Antonieta; y la noticia más impresionante es que va "a hacer la traducción de los dramas de Lorca al inglés, pues estoy procurando que se monten este invierno".

Concluye y se manifiesta convencida: "Sé que como contribución al teatro moderno es lo más importante que se ha escrito".

Por supuesto, la mujer cae en una de sus tantas depresiones, en una crisis violenta y de arrebatos místicos, y permanece tres semanas internada en el hospital Saint Lucke's. Por supuesto, también como era usual en Antonieta Rivas Mercado, más fue la intención que la realización, lo que no anula la excitación de un corto, pero emotivísimo periodo.

## LUIS CARDOZA Y ARAGÓN

El guatemalteco Luis Cardoza y Aragón ha sido y será siempre igualmente mexicano. Él mismo ha confesado:

> México ha sido mi hogar, acaso más porque como extranjero, por una parte, me ha sido vedada la participación entera; por la otra, no sólo me ha permitido sino alentado en lo esencial de mi vida con amigos, papeles, libros, pinturas.

Razón de más para incluirlo en este bosquejo.

Luis Cardoza y Aragón, proveniente de París, llegó a La Habana en 1929 como cónsul general de Guatemala en Cuba e inmediatamente se fusionó al ambiente intelectual de la isla, principalmente al grupo de Juan Marinello, Jorge Mañach, Fernando Ortiz, Francisco Ichaso, Alejo Carpentier, etcétera.

Federico García Lorca arriba a La Habana el 7 de marzo de 1930, el grupo que lo recibe es aquel en el que actuaba Cardoza y Aragón; de inmediato surge la amistad entre ambos poetas al grado de que ocho días después la *Revista de Avance* publica de Cardoza y Aragón "El romance de Federico García Lorca", jamás recopilado en libro alguno, poema en el que éste va mechando el goce del andaluz en La Habana con recuerdos de gitanos y guitarras:

### EL ROMANCE DE FEDERICO GARCÍA LORCA

Se fue el gitano de farra
con una linda mulata
y una buena guitarra
alegre y averiguando
por qué "La mujer de Antonio
camina así…".

Mujeres en los balcones
y náyades y tritones
cantaban versos de nácar
al poeta de Granada:
—"Ven por aquí, Federico,
a zahumar las naranjas,
las piñas y las guanábanas.
Te exprimiré en un refresco
tardes en flor y canciones,
la música de los sones
y un cante-jondo: el color.
La guitarra está ya encinta
(no se sabe si de aurora,
de algún mulato o alondra)
cantando como una niña,
más esbeltas las caderas
y más redonda la forma,
con una tan dulce voz
¡qué engañará las abejas!
"Ven por aquí, Federico,
nos pintaremos de negro
toda la cara y el cuerpo,
nos rizaremos el pelo
¡para teñir hasta el sueño!
Hay unos cantos de negros
como las uvas muy viejas:
¡ya la semilla de azúcar
más dulce que los luceros!"

Se fue el gitano de farra
con una linda mulata
alegre y averiguando...
Y a orillas del mar se amaron
y al despertar se encontraron
con el sol en la guitarra.

El afecto es tan recíproco que el granadino le dedica "Pequeña canción china", que resultó con el tiempo, pero con variantes, "Pequeño poema infinito" y fusionado a *Poeta en Nueva York*, no en la versión publicada en México en 1940, sino en la definitiva de las *Obras completas*. Este poema se dio a conocer por primera vez en *Cartas a sus amigos*, de Ediciones Cobalto de Barcelona en 1950.

Además de ese regalo, Cardoza y Aragón guardaba con gran celo en su casa un dibujo a colores que le obsequió García Lorca, que fue incluido en la publicación de *Poeta en Nueva York* de la editorial Séneca en 1940 y reproducido en *Dibujos de García Lorca* por Gregorio Prieto. En ambos volúmenes no se menciona al propietario.

Azar o destino convoca a los amigos a una separación física definitiva. El mismo 12 de junio, con diferencia de minutos, el español se embarca para Nueva York, preámbulo hacia España; el guatemalteco mexicano, a igual puerto pero vía México, donde vendría a radicarse en 1932.

La noticia del fallecimiento de Federico García Lorca impacta a Cardoza y Aragón y, por supuesto, lo envuelve en evocaciones.

En agosto de 1936 el periódico *El Nacional* da a conocer "*In memoriam* probable", las reflexiones que en torno a Federico García Lorca le suscitara la noticia de la muerte del poeta, él dice que fue "Escrito al leer un cable que anunciaba su increíble asesinato".

Ahí expresa una identificación del andaluz con su propia obra, lo que es obvio no sólo en su poesía sino en otros textos, como sucede en "el lenguaje de doña Rosita [...] siempre te imagino con tu flora y tu fauna propia totémica y maravillosa, sin techo y sin muralla". Mucho más viene a la mente de Cardoza, respecto al universo de protagonistas en el quehacer lorquiano: "Tus marineros heridos, tus amigos encontrados en tus poemas [...] el viejo con la barba llena de mariposas y tu terca, terrible preocupación por la saliva y la sangre te recuerdan".

Señala igualmente la intemporabilidad del poeta y de su creación, ésta siempre apasionada al grado que el crítico no vacila en señalar que entre la poesía de García Lorca y la de Santa Teresa, existe una correlación que los aproxima, ambas están realizadas en una amplitud de sentimiento que rebasa el corazón, por ello afirma, "tu corazón más ancho y más generoso era más perpetuo aún que tu mejor poesía".

Luego lo recuerda, lo refiere transparente y luminoso, "tan dulcemente incandescente, que muchas veces pudimos percibir en La Habana tu esqueleto de ángel". Para Cardoza y Aragón le resulta difícil aprehender esa calidad inefable del andaluz al grado de decir "sufre la memoria no pudiendo restituirte a ti mismo", ello pese a que la fuerza de su presencia se da "por encima de su poesía". Poesía que Cardoza asevera, implica el drama "en tu verso mejor, te mueres".

Reitera la seducción que emana de García Lorca, "la extraña imantación que ejerces" y se explaya en esa dificultad, esa imposibilidad de separar la creación de la persona o viceversa, por ello recalca que ambos, poeta y poesía, son poseedores de "la misma gracia, la misma revelación". Más todavía, en esa producción del andaluz dice hallar "tu metafísica y tu cuerpo, tu sangre, tus lágrimas, tus gritos, tus huesos, uñas y cabellos". Agrega dos juicios más que se inscriben en la paradoja, pues por un lado asegura: "Tu poesía eres tú, perenne, concreto, duro. Duro, suficientemente duro, para rayar todo tiempo y todo espacio" y por otra parte y en seguida indica: "Eres sencillo, bueno y cándido". Paradoja que se extiende según él a su poética, pues en ella se halla lo que el granadino no soportaba callar y añade: "sin embargo pocos, muy pocos tan conscientes de la poesía", ello le da pie para explicar: "Tu método era como un delirio. Tu delirio calculado como un método".

En ese monólogo en que Cardoza y Aragón trata de resumir grandiosidad de alma y de obra, va descubriendo para el lector las probables claves de comprensión, de ponderación para esa poesía, tal es el tacto que guía los poemas:

sabía pesar lo imponderable, que podía asir lo que muy pocos podían ver, lo que muy pocos eran capaces de imaginar. Objetos y sensaciones, las cosas más humildes y distantes, más desvalidas

38

y malditas, se encontraban relacionadas, ligadas, amándose, reproduciéndose, luminosas y vivas, repentinamente diferentes. Poesía exacta, de profusión geométrica, rica de fervor plástico […] Poesía gratuita.

Luis Cardoza y Aragón se detiene ante la dramaturgia del poeta y le asegura: "lo que me gusta en tu teatro es proyección, continuación de estos momentos en el tiempo de tus óptimos poemas".

En esa especie de ritornelo, en el que imbuido de las calidades de personaje y quehacer, más allá de un dolido canto, encuentra en el recuerdo enaltecido las adecuadas analogías, esa "piedra preciosa en las entrañas de la tierra hecha de huesos del pueblo que tú amas", "eres, seguirás siendo esencia, flor de espuma de su sangre que fue tuya, que tuya es para siempre". Es por ello que insiste ante ese recuerdo que en García Lorca "se siente y se presiente a tu pueblo". "¿Cómo España podía dejar de ser igual a sí misma, igual a ti mismo?"

Lleno de ese arrebato que mitiga el dolor de la pérdida, en la evocación, "casi no siento pena si estás muerto", y aclara tal sensación: "tú eres de los que no puede morir. Voz nueva, nueva voz antigua y futura".

Teniendo presente siempre a García Lorca, el aniversario del crimen le trae a Cardoza y Aragón a la memoria aquella cordialidad habanera y le dicta un extenso ensayo personal sobre las vivencias que juntos pasaron.

"*Poeta en Nueva York*", este artículo de Luis Cardoza y Aragón, aparece en *Romance* el 1º de agosto de 1940. Justifica el título, pues en él evoca que fue en la isla cuando oyera del propio García Lorca "hace poco más de diez años", la mayor parte de los poemas de *Poeta en Nueva York*, libro póstumo, del cual el guatemalteco mexicano asienta que fue publicado con un prólogo "fervoroso" de José Bergamín, y que además "es un poema, no sólo por su pasión, sino por la que crea en quien lo lee". Advierte también que el libro de García Lorca está "hecho de contrastes, de materias oscuras y luz amontonada". Consideración que aprovecha para recapitular y advertir que el andaluz y su poesía "fueron felices en La Habana. Se le antojaba una especie de Andalucía con influencias yanquis". Para Cardoza y Aragón esa idea iba afincada en los contrastes patentes de "exuberancia y magnífica sensualidad" en esta isla, todo lo contrario de Nueva York, que él asegura parecía:

> distante en el recuerdo con la luz definitiva de La Habana; distante con su sangre de pato debajo las multiplicaciones, su río de aceite y su noche llagada por las ventanas de los rascacielos.

Preámbulo que lo lleva a relatar, a dar santo y seña de cómo se dio el conocimiento entre ambos, ello en el despacho de Juan Marinello, en donde se reunían semanalmente redactores y amigos de *Revista de Avance*. Cardoza fecha el encuentro en la primavera de 1930, encuentro que a todas luces se avisoraba interesante, pues a él acudieron, entre otros, Porfirio Barba Jacob y Fernando Ortiz, quien les anunciaba que la presencia del granadino se planteaba "tal como fue: armoniosa y deslumbradora". Asimismo, viene a colación la elocuencia del andaluz, y dice: "Federico, como siempre, centralizó la conversación", divertido "nos encantó con su donaire y talento", no puede menos que insistir en esa asociación angelical que García Lorca le provoca:

> Hombre con ángel, con ángel delicado y triste de la gracia de Andalucía. Un niño, un gran niño sabio de esa sabiduría no aprendida, que por todas partes rezuma su gloria natural con la ignorancia de la flor.

Pero es también dual la presencia que el andaluz proyecta, "muchacho lleno de congoja y lleno de sonrisa, alumbrado siempre por la luz de la mañana", ambivalencia que, considera, destierra el folklore de su poesía, así como el "aparato tradicional y funambulesco con que la fantasía popular disfraza a menudo a los poetas"; lozanía que ausenta lo "sublime". Para Cardoza y Aragón, García Lorca fue:

un poeta seguro y orgulloso del destino que le concedió, proporcionado martirio, la voz más ancha de su pueblo [...] de ese pueblo al cual supo encarnarlo hasta corporalmente con su propia
muerte y con su inmortalidad.

En esa serie de contrastes en que va inscribiendo personalidad y poesía, expresa:

nutrido de clásicos y anónimos trovadores de cancioneros y romanceros, vivo con la vida del pueblo [...] Federico no nos parece insigne sólo porque penetra triunfante en la cultura española [...]
sino porque también acontece precisamente lo contrario.

Y frente a quienes se "condolecen" de que ventila la tradición española, Cardoza, que oye el comentario de que en *Poeta en Nueva York* García Lorca "se ha alejado mucho [de esa
práctica], me dice alguien", ante esa afirmación responde: "ello
es lo más admirable", "Lorca vive como nunca su poesía de fuego, liberada de la pesantez terrestre".

Capacidad de abstracción y arrojo inspirado son para el crítico cualidades esenciales, a las que se unen la plasticidad y su
pasión de amor y de muerte. Respecto a lo primero pregunta:
"¿No es su poesía una de las más plásticas de la literatura castellana?" Para afirmar ese interrogante, que es a la vez una afirmación, detalla:

La forma, el color, las calidades de las cosas, su materia áspera o
humillada, desnuda o carcomida, su preocupación por el llanto, la
leche, la saliva y la sangre, las ciñe y las alza al cielo. Su poesía
es siempre táctil. En sus poemas oscuros, casi todos los de *Poeta
en Nueva York* [...] su genio plástico dibuja y da corporeidad a cosas que no se habían visto nunca.

Cardoza y Aragón insiste: "Su sensualidad fue en él como
una de las presencias de la muerte", "el amor y la muerte son
presencias capitales en su poesía"; la muerte se encuentra en el
andaluz como "forma extrema del amor", y aún más, en térmi-

41

nos "de su sensualidad frutal de ángel y caballo, que pone sobre su poesía su jocundo estremecimiento".

Este escritor afirma sus elogios en la singularidad de *Poeta en Nueva York*, que para él

> está escrito con esa primitiva, brutal y cruda luz: afán de expresar lo más íntimo y confuso, de hacer consciente su inconsciencia más recóndita [...] en este libro hasta parece que "apaga en cierta manera su voz viva", vemos que abandona lo tradicional en él; crea un mundo nuevo para su Nuevo Mundo, bajo el signo amado del peligro, de la ansiedad de comprometerse.

Es precisamente ese vuelco en la poética de García Lorca lo que más impacta a Cardoza y Aragón, quien explica tal preferencia, esa fascinación que va más allá de sus *Canciones*, el *Romancero gitano*, o el *Poema del cante jondo*.

> Prefiero sus poemas desolados, con luz taciturna que alumbra su gravedad de la muerte: la desnudez de esta poesía con paisajes geológicos de periodos anteriores al hombre posee preclara belleza. Su luz es la luz de la fétida noche del sepulcro. Luz del sol negro de las metamorfosis.
>
> En *Poeta en Nueva York* los ojos tienen que aprender a gozar las cosas en un ámbito desconocido. Misterio de la gran ciudad y misterio de la poesía [...] contacto con ella, órfico y virginal, abriéndose camino por donde no habría pasado nunca.

La despedida de quienes en ese breve plazo transcurrido en La Habana afincaron una estrecha amistad de análisis y confesiones, tuvo lugar en la isla a mediados de 1930. "Federico, acompañado de Adolfo Salazar, tornaba a Nueva York", Luis Cardoza y Aragón vía México iría a la misma ciudad. "Nos abrazamos en el puerto, y no lo volví a ver más."

Aquel ensayo lírico "*In memoriam* probable", padecido y admirado, fecundará en otro poema de Cardoza y Aragón titulado "Soledad de Federico García Lorca", publicado igualmente en *Romance* el 15 de septiembre de 1940. Magníficos 92 versos donde el cantor se rinde ante la figura juvenil y risueña, histórica y presente, ante el holocausto y el alma de una personalidad única:

> Vegetal y marítimo, tu imagen es la espiga,
> oro fecundo y voz que no tiene el caballo.
> Tu niñez de campana, de misterio y de fuente,
> la ternura del lirio desmayado en la sangre.
>
> [...]
>
> Inmensamente solo. Solo como el ombligo
> de tu tierra natal. Solo como el amor
> del olvido y el tiempo, del sueño con su erizo,
> de tu fiebre de musgo y de planeta oscuro.
>
> ¡Ay! tus manos, dos deltas de pasión y agonía
> donde todos los frutos ardieron de dulzura.
> Qué extraño acento, qué delicada miel ácida
> ¡y qué amanecida premura de milagro!
>
> [...]
>
> ¿Qué no fue en ti milagro vivo en tu muerte muerta?
> ¿La huella de un tránsito y su lento reposo?
> ¿Incendio de lo eterno, sin fin muerte pequeña
> ¿Su cruel llama mojada, inacabable y yerta?
>
> [...]
>
> Sonrió la tierra en ti. ¡La muerte y su alegría!
> Su vino de penumbra, de mar y de amapola.
> ¡Tu vida y su alegría! lucero de la gracia,
> como una eterna piedra con entrañas de niña.
>
> [...]
>
> Tierra de luz y olivo, clavel y soledad,
> que hoy le soñáis teniéndole en los brazos:
> ya no cantan las aves como cantaron siempre,
> más dura está la piedra y está más solo el mar.

Seguidamente a esos dos ensayos, Cardoza y Aragón reunirá tres más, bajo el título de "Cinco recuerdos" en *Poesías com-*

*pletas y algunas prosas,* editado por el Fondo de Cultura Económica, en la colección Tezontle en 1977. Los reproducirá con algunas variantes en su autobiografía *El río, novelas de caballería,* por la misma editorial en 1986. De esos tres ensayos, en el primero empieza por comentar que *Poeta en Nueva York* ha sido impreso "muchas veces" y aclara que la primera edición la realizó en México José Bergamín en 1940, en la editorial Séneca y corresponde a los poemas escritos en aquella ciudad entre 1929-1930 en la Universidad de Columbia. Agrega igualmente que parte de ese núcleo se conoció en España gracias a la editorial Lumen, que juntó a los poemas "la prosa inédita escrita con la tensión de su nueva poesía", la cual el granadino compartió con un amplio auditorio en una conferencia con visos de "lectura de poemas y comentarios. En ella no dio a conocer todo el libro futuro".

Por lo que hace a la publicación de José Bergamín, aclara que ésta incluye el poema de Antonio Machado, aunque faltan algunos poemas del andaluz en "tal edición ilustrada con cuatro dibujos originales, uno de los cuales es mío". ¿Por qué Bergamín tenía el original de *Poeta en Nueva York*?, esto también lo elucida el autor de *El río*:

> El original que conservamos como una reliquia de este libro [...] lo dejó Federico García Lorca en manos de su amigo José Bergamín para las ediciones del Árbol que inició en España la revista *Cruz y Raya*. El poeta tenía especial empeño en que la edición primera de este libro fuese hecha según el gusto del director de las ediciones españolas del Árbol, a quien igualmente había entregado la edición de todo su teatro y la promesa de sus poesías completas.

Para Cardoza y Aragón el nuevo cauce de la poesía del granadino, "El tono iracundo y desgarrado, la forma libérrima" inquietaron de alguna manera a Bergamín; sin embargo, para el crítico en este libro "hay no pocos de sus mejores poemas".

En "En La Habana" —este texto a sus observaciones anteriores acerca de *Poeta en Nueva York*—, Cardoza y Aragón entrelaza conceptos e impresiones vertidas por el propio García Lorca. Un puntual análisis, que además de aclarar que la mudanza en la poesía lorquiana fue debida al impacto de aquel mundo que "lo sobrecogía y lo colmaba de horror y lo cautivaba al mismo tiempo", insiste:

> Precisaba penetrar en el meollo de una cultura que lo atraía por opuesta y como tal reclamaba crear nueva palabra de totalidad distinta. Con voluptuosa violencia vivía otra cosa. Lo sintió aguda y desoladamente.

Aquí aprovecha para citar algunas expresiones del andaluz: "¡oh salvaje Norteamérica!, ¡oh impúdica!, ¡oh, salvaje, tendida en la frontera de la nieve!", y además advierte: "Este desgarramiento es *Poeta en Nueva York*".

El guatemalteco mexicano siente la necesidad de detenerse ante la forma de una poética

> Fúlgida, armoniosa, directa y de tensión alucinante. Lo fundamental no es sólo el rompimiento con los medios tradicionales y sus sistemas de versificar, sino la sorprendente invención metafórica, para dar su angustia y su perplejidad en un mundo ajeno y nuevo para él [...] que lo sobrecogía y lo colmaba de horror y lo cautivaba al mismo tiempo.

Afirmaciones que no sólo se traducen de la lectura directa del libro, sino que se remachan con lo expresado en España y Cuba por el propio García Lorca, y también "con los nombres de los poemas nos quemamos en su estupor y congoja". Otro cambio, al que igualmente condicionan la luz, y sensualidad experimentados por el andaluz en La Habana, también es registrado por Cardoza: "de nuevo un mundo humano y amigo, que establecía contraste cordial con el áspero y triste Nueva York".

El cuarto opúsculo, que lleva el nombre de "La palabra danzante", es una semblanza que pese a su brevedad da lo esencial de esa figura, de su pensamiento, impresión de la que extraigo algunos fragmentos:

Federico me pareció un estudiante de barba cerrada, rostro sonriente de lunares, irradiando alegría como un planeta que ejerciese sobre el ambiente cercano [...] una fuerza gravitacional de la
gracia más leve y profunda [...]

Ahondó en la España cuya nocturna voz se aferraba en la de Séneca y Manrique. En los sonidos negros del anónimo cantaor del
Albaicín.

Fue angélicamente oral, hombre de presencia escénica. Hombre
que creaba su espacio. Modelaba a su auditorio [...] Aquel hombre nos sacaba del mundo, nos hacía vivir sin tiempo, en levitación.
[...]

Creaba un clima de armonía, de euforia y de fraternidad [...]
Fue sobrio. Le sobraba su espontánea jocundidad [...] Musical,
siempre juglar de cascabeles sin énfasis y de significaciones umbrosas o cenitales, arrollaba con su naturaleza toda simpatía y comunión, toda esbeltez y transparencia. [...] ser lúdico y auroral [...]
De cierta tosquedad de su rostro y de su cuerpo se desprendía la
hermosura de la efusión creadora [...]

Al decir sus poemas éstos eran superiores [...] Estábamos todos.
Fuera del Tiempo. Con la Palabra Danzante.

El último texto, "San Mauricio", realmente es un agregado
que poco concierne a García Lorca, se trata más bien de una
anécdota, por otro lado bastante superficial de la asistencia de
ambos poetas a un burdel de La Habana. Un cuadro, una breve
estampa de sensualidad y erotismo, sin mucha trascendencia.

# SALVADOR NOVO

El 21 de noviembre de 1933, Salvador Novo, como integrante de la Delegación Mexicana para la VII Conferencia Internacional Americana, arriba a Montevideo; en los ocho días que aún faltaban para la inauguración de ese evento, decide viajar a Buenos Aires el 23. La intención primordial que lo llevaba era reencontrarse con Pedro Henríquez Ureña, conocer a Ricardo Molinari y a través de él gestionar la publicación de su *plaquette Seamen Rhymes*, que había escrito durante este viaje de Nueva York a playas uruguayas.

En *Continente vacío, viaje a Sudamérica* (1935), narrará con lujo de detalles, en el capítulo "Buenos Aires", el conocimiento y la intimidad que guardó y conservó para siempre con Federico García Lorca, quien había llegado a la Argentina el 13 de octubre de ese año de 1933. El primer contacto se produce de esta manera:

Aquí dejo a hacer *Seamen Rhymes*, que dirigirá Molinari, seguro de que Federico García Lorca querrá hacer alguna viñeta para mis versos, y vamos al Hotel Castelar, pues ya le ha telefoneado que estoy con él, y ha dicho que me lleve en seguida.

Federico estaba en el lecho. Recuerdo su pijama a rayas blancas y negras.

Por sobre todos ellos, Federico imponía su voz un tanto ronca, nerviosa, viva, y se ayudaba para explicar de los brazos que agitaba, de los ojos negros que fulguraban o reían. Cuando se levantó, mientras tomaba su baño, se volvía a cada instante a decir algo, porque se había llevado consigo la conversación, me senté en la cama.

—Federico —le grita—, tenemos que llevar a Novo adonde fulano; ¡será lindo!

Federico entraba y salía, me miraba de reojo, contaba anécdotas, y poco a poco sentí que hablaba directamente para mí; que yo debía aguardar hasta que se marchasen para que él y yo nos diéramos un verdadero abrazo. Por ahora, tenía que ir a ensayar *La zapatera*, que se estrenaba esa noche misma. Allá nos veríamos para conversar después de la función, era posible, y si no, al día siguiente yo vendría por él para almorzar juntos, solos.

*La zapatera prodigiosa* reunió en el Teatro Avenida "al todo Buenos Aires", esperaba, las ovaciones fueron seguidas de una visita al camerino de Federico, que convirtió los pasillos del teatro en el escenario de una recepción mundana.

Novo y Molinari asisten al Teatro Avenida a la representación de *La zapatera prodigiosa*, actuada por Lola Membrives. La amistad entre ambos se consolida fervientemente durante el almuerzo en un restaurante de la Avenida Costanera.

En un restaurante de la Costanera, nos sentamos Federico y yo, solos, como dos amigos que no se han visto en muchos años, como dos personas que van a cotejar sus biografías. ¿En qué momento comenzamos a tutearnos? Yo llevaba fresco el recuerdo de su *Oda a Walt Whitman*, viril, valiente, preciosa, que en limitada edición acababan de imprimir en México los muchachos de Alcancía que Federico no había visto. Hablaba, cantaba, me refería su estancia de La Habana, cuando estuvo más cerca de México y nadie lo invitó a llegar, y cómo fue ganando la confianza de un viejo negro, tenazmente, hasta que no logró que lo llevase a una ceremonia ñáñiga auténtica que hizo vivamente desfilar a mis ojos, dejando para el final de su bien construido relato la sorpresa de que era un mozo gallego, asimilado a la estupenda barbarie negra, quien llevaba la danza ritual con aquella misma gracia sagrada que en España le hace empezar a romper botellas.

Efectivamente, Justino Fernández y Edmundo O'Gorman dieron a conocer esa publicación en México, el 15 de agosto de 1933, de la que salieron cincuenta ejemplares numerados con una ilustración de Manuel Rodríguez Lozano. Imposible fue hallar la pista de cómo llegó a esos dos jóvenes, más tarde célebres intelectuales, el manuscrito que fuera una primicia internacional. ¿Sería Gabriel García Maroto quien había llegado a México a finales de 1932?

Sin duda en ese almuerzo la relación se vuelve intimista, confidencial, cómplice al grado que sellan el compromiso de esa amistad cariñosa eterna. Novo lo recuerda inclusive imitando el ceceo de García Lorca:

Pa mí, la amiztá e ya pa siempre; e cosa sagrá; ¡paze lo que paze, ya tú y yo zeremos amigo pa toa la vía!

Igualmente en ese acontecimiento debió haberse concentrado entre ambos la realización de las ilustraciones para la *plaquette* de *Seamen Rhymes*, obra que ve la luz el 1º de enero del año siguiente, 1934, en Buenos Aires, con un tiraje de cien ejemplares numerados y por la Casa de Francisco A. Colombo. Cuatro son los dibujos de García Lorca: un rostro de marinero en la portada; otro en la portadilla en el que las flotantes cintas de la gorra del marino llevan una palabra "amor" y la otra "love"; un marinero de medio cuerpo emergiendo de un libro en el que se lee "Novo", "Amor"; el último, una misteriosa cabeza de marinero en cuya boca se inserta un ramaje de raíces.

Novo hace además un largo paréntesis para evocar parte de esa prolongadísima reunión en la que García Lorca hiciera gala de su conocimiento de México, no sólo de personajes sino inclusive de las muy hondamente mexicanas canciones como aquella que es casi un himno, la *Adelita*:

Recuerdo ahora, Federico, como si te escribiera una carta que no contestarías en la prisa y el ajetreo en que vives, cómo aquella tarde tu intimidad y el fuego de tu conversación desataron la nostalgia del indiecito en evocadora elocuencia del México que presentías y que tardas tanto en certificar. Tú cantaste la *Adelita*, que sabías tan bien, y me dijiste que para ti esa canción simbolizaba todo el México que querías conocer, que *Adelita* era para ti una mujer viva, de carne y hueso, idolatrada por los sargentos, respetada hasta por el mismo coronel; fiel a su soldado, apasionada, morena y fecunda, y, hechizado por tu conjuro, por tu promesa de hacerle un monumento, cuando paladeabas su nombre, *Adela, Adelita*, yo te conté su vida. Porque en Torreón, cuando vivimos la epopeya de Villa, una criada de mi casa, que era exactamente como tú la imaginas, llevaba ese nombre cuando nació esa canción, y decía que a ella se la había compuesto un soldado. Y al proclamarlo satisfecha, con aquella boca suya, plena y sensual como una fruta, no pensaba sino en el abrazo vagabundo de aquel con quien al fin huyó por los montes de aquella estrecha cárcel de su Laguna; no imaginó jamás esta perenne sublimación de su vida en un himno que ahora a tus ojos vuelve a prestarle un corazón y que llena el mío del violento jugo de la nostalgia.

Incuestionablemente esa vivencia se concretaría pocos días más tarde en el "Romance de Angelillo y Adela" de Salvador Novo, dedicado a Federico García Lorca, editado en la Imprenta Mundial el 31 de enero de 1934 con un tiraje de sólo 15 ejemplares.

Este poema tiene, por supuesto, una doble lectura y vale la pena subrayar que en *Poesía*, de Salvador Novo, en el Fondo de Cultura Económica, la dedicatoria está suprimida:

Ella venía de México
—quietos lagos, altas sierras—,
cruzara mares sonoros
bajo de nubes inciertas:
por las noches encendía
su mirada en las estrellas.
Iba de nostalgia pálida,
iba de nostalgia enferma,
que en su tierra se dejaba
amores para quererla
y en su corazón latía
amarga y sorda la ausencia.
Él se llamaba Angelillo
—ella se llamaba Adela—,
él andaluz y torero
—ella de carne morena—,
él escapó de su casa
por seguir vida torera;
mancebo que huye de España,
mozo que a sus padres deja,

50

sufre penas y trabajos
y se halla solo en América.
Tenía veintidós años
contados en primaveras.
Porque la Virgen lo quiso,
Adela y Ángel se encuentran
en una ciudad de plata
para sus almas desiertas.
Porque la Virgen dispuso
que se juntaran sus penas
para que de nuevo el mundo
entre sus bocas naciera,
palabra de malagueño
—canción de mujer morena—,
torso grácil, muslos blancos
—boca de sangre sedienta.
Porque la Virgen dispuso
que sus soledades fueran
como dos trémulos ríos
perdidos entre la selva
sobre las rutas del mundo
para juntarse en la arena,
cielo de México oscuro,
tierra de Málaga en fiesta.
¡Ya nunca podrá Angelillo
salir del alma de Adela!

Casi inmediatamente Salvador Novo enferma de gravedad,
hecho que no interrumpe la intensidad del cariño, la amistad entre los dos poetas:

Federico entraba y salía; más tarde me aseguró que desde un principio
supo que yo no habría de morirme, y a propósito de su clarividencia
gitana refirió una leyenda de "martinicos", duendes, e hizo conjuros
por mi salud, que a poco lo hacen lanzar de su hotel, pues el más eficaz consistía en echar agua por la ventana, y bañó a más de un transeúnte de la Avenida de Mayo para que yo me aliviara pronto.

El 15 de octubre de 1936 en *Jueves de Excélsior*, Salvador
Novo, al enterarse del fallecimiento de Federico García Lorca,

escribe su artículo "Voces de muerte". Un ensayo clarificador pero intelectual, alejado de aquel exaltado afecto del cual no habían transcurrido ni siquiera tres años. En síntesis, al decir de Novo, García Lorca es un reformador de las reglas "para crear un teatro romántico y poético superior a todas ellas, un teatro que sólo guarda con la vida la distancia de una poesía vigorosamente nutrida en ella y sólo comparable a Lope de Vega". Igualmente "su amor por la pureza original" revelada en la "Oda a Walt Whitman". Su colaboración al canto y a la danza y a la dramaturgia con el cierre final:

> Cierro los ojos y lo veo mimado y triunfal en Buenos Aires, allí donde la envidia no le roe a nadie las miserables entrañas [...] la gloria de Lope, que es la de García Lorca, estriba en haber hecho a un lado las "reglas" para crear un teatro romántico y poético superior a todas ellas [...] Su amor por la pureza original se revela en la "Oda a Walt Whitman", impresa en México en cincuenta ejemplares, y de la que Gerardo Diego ha escrito que la tiene por "lo más importante e inspirado de su obra lírica". Estalla en sus páginas un intenso amor por la vida sana y la generosidad: toda huella de estetismo desaparece en esta obra en que se proclama magníficamente "la llegada del reino de la espiga". El mismo soplo directamente humano hinche las páginas del "Llanto por Ignacio Sánchez Mejías", especie de "Endimión" doloroso a la memoria de un amigo que halló la muerte en una corrida de toros.
>
> El teatro y la poesía ¿son separables en Lope? Sería incompleta la evocación de García Lorca que omitiese, como quieren sus gratuitos detractores, la consideración de su teatro [...]
>
> Amaba a México, ansiaba conocerlo y me había prometido venir luego que estrenaran en Nueva York la versión de sus *Bodas de sangre*.

En 1937, a Salvador Novo se le edita en Túnez *Nuevo amor*, que diera a conocer en México la Imprenta Mundial en 1933. El libro traducido al francés y con prólogo de Armando Guibert —a quien Lorca le obsequió "dos Odas" de *Poeta en Nueva York*— está dedicado "À la mémoire de Federico García Lorca, fusillé a Grenade d'un seulcœur". *Nouvel Amour* integra al libro anterior otros poemas y el "Romance de Angelillo y Adela", aquí trastocado el título en "Romance D'Adèle et Angelillo".

Aquellas confidencias, aunque ahora menos detallistas, servirán para complementar los prólogos que Salvador Novo hará de las poesías y el teatro de Federico García Lorca, en 1973 y 1977 respectivamente, para la editorial Porrúa. Por otra parte, textos preliminares que demuestran el conocimiento a fondo de Novo de la total producción del andaluz. Después de citar de qué manera se conoce a García Lorca en México, es decir, a través de las "pulcras ediciones de *Índice*", va analizando, desmenuzando para el lector, etapas y ponderaciones de las mismas en la creación lorquiana; los subtítulos que emplea, elocuentes, permiten un mejor seguimiento. Por ejemplo en "Perspectiva de García Lorca" habla primordialmente del *Romancero gitano* y al hacerlo coincide con otros autores en las dos vertientes que nutren la creatividad de Lorca: "la raigambre popular ancestral de los romances viejos […] y la imaginería, la adjetivación y la metáfora cultas en que se manifiesta un Góngora resurrecto". Eso le lleva a Novo a establecer la analogía entre el romance y el corrido, aclarando:

> Es el corrido mexicano, romance vestido de charro, que conserva en el transplante las virtudes castellanas del honor, la pasión, los celos y la muerte. […]
> He aquí por qué al llegar a nuestros ojos y oídos la voz de García Lorca en su *Romancero gitano*, nuestro entusiasmo no abría la puerta a un extraño, sino los brazos al regreso de un hermano pródigo. El corrido saludaba al romance. Y el romance regresaba a sus lares rico de cuanta pedrería le había enjoyado —Marco Polo— Federico en sus viajes.

Por lo que hace a su teatro, en "Clásicos y románticos", "El Siglo de Oro" y "Donde hubo fuego", Novo, al revisar estas variantes de la dramaturgia primordialmente española, halla en los personajes y tipos del granadino, como lo había hecho Lope de Vega, ecos de los romances decantados al lado de "los ingredientes más probados y auténticos del gran teatro poético del Siglo de Oro, para ofrecernos su propio —y nacional— gran teatro poético". En seguida resume de esos nutrientes del teatro español que van de los postulados del Siglo de Oro, a las modificaciones del romanticismo, para poner en claro que el modernismo llevado a la península por Rubén Darío "pareció indicar el camino y aconsejar una renovación que no adulterase, sino que redescubriera, sus gloriosas esencias eternas", y entre otros nombres expresa que quien "fija en su primer libro a los veinte años de edad las *Impresiones y paisajes*, recogidos durante un viaje de estudiante universitario: Federico García Lorca".

Afirma Novo que a García Lorca le estaba reservado, aquí está implícito el destino, llevar a cabo una obra

> que recogía, remojaba, lavaba, sacudía, el lenguaje práctico: le daba de boca a boca la respiración que empezaba a faltarle; y al redescubrir el teatro poético, propiciaba el regreso triunfal de la "monarquía cómica" con la renovación más audaz intentada para la escena contemporánea en castellano.

Pasa luego revista, en sucinta afinidad y referencia con lo dicho, a algunas de las obras más destacadas, indagación que abarca a los personajes lorquianos, "una admirable galería de caracteres femeninos surgidos de la pluma de un poeta que con ellos dota al teatro español de todos los tiempos de las mujeres que el Siglo de Oro recató".

Recuerda, asimismo, cómo ese teatro de Federico García Lorca se nutrió ampliamente de todas las artes "que su autor conocía y practicaba: música, canto, danza, pantomima; y decorados y vestuarios fantásticos". Acción en la que colaboraron sus amigos Manuel de Falla, Adolfo Salazar, Dalí, Buñuel, etcétera, quienes compartieran con el poeta el trascendente experimento, el teatro trashumante de La Barraca.

De igual manera da a conocer actrices y grupos teatrales, puestas en escena en México de algunas de sus obras, para culminar este repaso informando que *Así que pasen cinco años,* obra teatral del andaluz estrenada entre junio y julio de 1936, el propio Salvador Novo la presentaría en México en la televisión, dentro de la serie Teatro Universal, que entonces dirige bajo el patrocinio de la Lotería Nacional.

No pasa por alto Novo el interés que pudiera tener aquel conocimiento personal con el español, el cual se diera, como ya se dijo, en Buenos Aires, y en fragmentos resucita después de treinta y nueve años tales experiencias.

Así, Salvador Novo, en esa deslumbrante aproximación que tuvo con el poeta granadino, deja páginas definitivas para el discernimiento de la personalidad de Federico García Lorca. Ofrendó en dedicatorias la admiración que sentía por él y al mismo tiempo lo estudió y lo propagó en libros que hoy manejan la intelectualidad y los estudiantes mexicanos. Una unión íntima devenida en útil y precioso despliegue.

## EDUARDO LUQUÍN

A finales de 1934, el diplomático mexicano Eduardo Luquín solicita licencia de su cargo para viajar a Europa; poco tiempo permanece en Lisboa, días más tarde hace residencia en Madrid y recorridos por ciudades de España. En su autobiografía cuenta que Francisco Navarro, quien oficiaba como primer secretario en la embajada de México, había sido presentado a Federico García Lorca, encuentro que propició una futura cita en el café Molinero de la ciudad madrileña. A esa reunión asistió Luquín. La tertulia se prolonga; más tarde, al filo de las diez, continúa para la cena en un restaurante de la Calle de Caballero de Gracia. Luquín confiesa que el nombre de García Lorca no le era nada extraño, había leído el *Romancero gitano* y tenía presente "La casada infiel", además, le habían llegado los rumores de un García Lorca "equívoco": unos coincidían en retratarlo como "un gitano sencillo, cordial y casi candoroso. Otros le señalaban como víctima de extrañas desviaciones sexuales". En el tamiz de Luquín se reafirma: "Como quiera que resulte el hombre —me decía a mí mismo— no lograría destruir mi admiración por el poeta".

Durante la cena del encuentro se hace presente la sencillez y humildad del poeta, al grado de desviar la conversación sobre la propia obra. Pese a ello, Luquín se atreve a solicitarle una dedicatoria en su libro el *Romancero gitano*, donde el andaluz estampó: "Para mi amigo Eduardo Luquín. Recuerdo cariñoso de Federico García Lorca", con una singular firma:

> Los dibujos de su nombre y apellidos evocan por las dimensiones de las iniciales, la imagen de tres guirnaldas prendidas al filo de tres espadas. Un poco más abajo se lee: "Madrid-México. 1934". Como símbolo de confraternidad, dibujó al calce una viñeta en que se hemanan dos frutos del mismo tronco... (p. 282)

García Lorca aún conmovido por la trágica y reciente muerte del torero Ignacio Sánchez Mejías, recitó fragmentos de su elegía. La velada dura hasta el amanecer en un café de la Puerta del Sol. Así, entre tazas de chocolate y picatostes, el andaluz manifiesta:

Pienso ir a México. Conozco el país por referencia y tengo amigos como Salvador Novo a quien conocí en Buenos Aires.

[Luquín le informa] —Yo regreso a mi tierra dentro de pocos días. Me será muy grato saludarlo por allá [...] me ofrezco a sus órdenes para lo que quiera mandarme [...] Aquí tiene usted mi nombre y mis señas.

[Ante] la sinceridad de mi ofrecimiento [...] posó su mano en mi hombro como para sellar un pacto de amistad.

Escasos días después Margarita Xirgu estrena *Yerma* en el Teatro Español con la asistencia de los más famosos de las letras hispanas. Luquín, presente en esa función, relatará con el tiempo:

A medida que avanzaba la representación, el drama de *Yerma* se apoderaba del auditorio. Al terminar el primer acto, un torrente de espectadores se lanzó hacia el escenario en busca del autor. Anhelante, sudoroso, García Lorca recibía abrazo tras abrazo. Abriéndome paso a codazos, logré llegar hasta él. Al advertir mi presencia, me invitó a acercarme con un ademán. Al abrazarnos, pegó su mejilla empapada de sudor, a la mía apenas un poco menos acuosa que la de él. No volví a verlo, pues apremiado por la falta de recursos para continuar en Madrid, apresuré mi regreso a México. Algún tiempo después de mi arribo, me enteré de que había sido asesinado; noticia que me llenó de pesadumbre.

Con "El asesinato de García Lorca", Eduardo Luquín da a conocer un artículo en *Revista de Revistas* el 6 de diciembre de 1936. Un lamento donde condena el "monstruoso" crimen que no tiene ni real ni emocionalmente justificación, inclusive el mexicano dice que hubiera sido mejor un castigo carcelario que a la postre conduciría a la piedad, y trae a colación lo ocurrido en la vida de Oscar Wilde.

# GENARO ESTRADA

De 1932 a 1936 Genaro Estrada vivió principalmente en Madrid como embajador de México. Hombre de amplia cultura, proverbial su sentido de la amistad, convivió intensamente durante esos años con la plana mayor de la intelectualidad española. Testimonio de ello es la publicación, allá, de algunos de sus libros, en especial *Paso a nivel* (Ediciones Héroes, 1933) dedicado "A mis amigos poetas de España", y *Senderillo a ras* (Taller de las Gráficas Marineras, 1934), a más de otros estudios bibliográficos y sobre artes plásticas.

No hay ninguna duda de que fue amigo entrañable de Federico García Lorca, con quien departió vida social, confidencias, reuniones intelectuales, etcétera; un ejemplo basta: el 14 de junio de 1935, junto a García Lorca, a Jorge Guillén, a Miguel Hernández, etcétera, rinde homenaje a Pablo Neruda con motivo de la publicación de *Residencia en la tierra*. El artículo de Estrada al respecto se publica en México en *Revista de Revistas* el año siguiente, el 26 de enero de 1936.

Es indudable, asimismo, que la muerte de García Lorca le afectó profundamente. Escueto, Genaro Estrada, ante la certificación en México del asesinato del poeta andaluz, escribe:

Tenía Federico García Lorca mucho material inédito, entre el cual algunos libros completos. Trabajaba desordenadamente y le importaban un pito los editores y la publicidad. Convencerle de que publicara un libro, de que diera algún poema para las revistas, era trabajo de Hércules. Pescarle en su casa, en el extremo de la calle de Alcalá, era perder el tiempo. A lo mejor desaparecía, lo mismo a las 10 de la mañana que a las 5 de la madrugada, por la carretera de Granada que por la tan opuesta de Tuy.

Tenía muchas cosas que ahora se podrían publicar inmediatamente: dramas, comedias, romancillos, odas, estudios. Pero como si nada. Una vez me leyó, de un tirón, un próximo libro suyo por el cual tenía cierta predilección: *Diván del Tamarit*. El Tamarit se llama una granja que tienen sus padres en la provincia de Granada y que es donde Federico solía pasar largos descansos. En otra vez me confió un cuaderno de poemas inéditos, del estilo de sus *Canciones (1921-1924)*. Pude copiar sólo unos pocos, porque por ese tiempo debía yo regresar a México. De esos poemas inéditos publica ahora la revista *Universidad* el segundo de la serie Herbario, en homenaje al gran poeta, a quien ya se tiene por asesinado en la Guerra Civil, en la que España se está defendiendo de un absurdo regreso a lo medieval.

A este texto que indica la cercanía entre ambos se adiciona, como Estrada lo indica, la segunda estancia del poema "Herbario", que fue recogido dos años más tarde en *Obras completas* (Buenos Aires, Losada 1938) por Guillermo de Torre.

Un homenaje más, aunque póstumo —pues Estrada fallece el 29 de septiembre— es la aparición, en la citada revista *Universidad*, de "Un poema inédito de Federico García Lorca: 'Paisaje con dos tumbas y un perro asirio'", composición que fue integrada en 1940 a *Poeta en Nueva York*. Acompaña al poema otra breve nota de Genaro Estrada:

Poesía de misterio y horror en la que García Lorca, ya tan naturalmente trágico entre su auténtico ambiente andaluz, logra en este *Paisaje* en donde lo espiritual de la expresión no se allanaría a una fina comprensión sin el auxilio de lo plástico, aquello mismo que Dalí realiza con idénticos elementos expresados en dibujos finalmente afiliados en composiciones en donde los elementos objetivos se presentan con toda hondura de un lenguaje extraño, pero tácticamente cargado de infinitas interpretaciones misteriosas.

Los editores de la revista aclaran:

Este poema y la nota respectiva, del extinto escritor, don Genaro Estrada, se hallaban en poder de Guillermo Jiménez, quien se sirvió cederlos a *Universidad*.

Resumiendo, existió una amistad perdurable entre el andaluz y el mexicano cuya importancia se traduce en una confianza que el primero deposita en el segundo y que da como resultado que sea México poseedor de la primicia y la publicación de "Herbario" y "Paisaje con dos tumbas y un perro asirio".

## PEDRO DE ALBA

El escritor, médico, diplomático y político Pedro de Alba visitó Madrid a mediados de 1936 y una sola vez en el Café de Lyon, entre un "vocerío incontenible, de humo denso y luz opaca", conoció a Federico García Lorca. En medio de fervorosas discusiones sobre pintura y teatro, en mesa compartida con Gabriel García Maroto —"guía emocional de España"—, Manuel Abril, el escultor vanguardista Ángel Ferrand, hace su aparición el autor de *Poemas del cante jondo*:

García Lorca se presenta en nuestro rincón, no se detiene mucho tiempo porque siempre "va de pasada", la movilidad le acompaña y además lo solicitan en otros grupos. Cuando logramos fijarlo unos momentos, mi espíritu se anima y mi resistencia física crece, porque sé que vamos a entrar en el reinado de la fantasía, del color y de la gracia. Polariza la atención y preside el concurso no porque lo busque o se lo propongan. Él habla, ríe y acciona con naturalidad, sencillez y desenfado. Se hace el desentendido de que lleva sobre sus hombros la fama, la celebridad y el triunfo. Pienso para mí en el prodigio de que aquel garrido mozo, que denuncia en su cara la sangre mora y gitana de tantos milenios, que habla con el acento andaluz de Granada, haya venido a renovar la poesía lírica, el teatro y hasta la música y el canto de su tierra y a colocarse de manera gallarda y fácil entre los poetas consagrados de nuestro siglo. ¿Cómo fue que se produjo ese milagro? ¿En qué crisoles se fundieron sus metales? ¿De dónde adquirió las bases de las técnicas y la eficacia de sus realizaciones? ¿Fueron los alquimistas, los profetas, los músicos árabes; los vagabundos del cante jondo y del baile gitano los que le brindaron sus secretos? Fue todo eso y algo más, el genio y el colorido de Andalucía con su tierra y con sus gentes.

De Alba dirige la conversación sobre Granada y refiere su descubrimiento de un joven guitarrista ambulante que "tocaba prodigiosamente a Falla, Albéniz y Granados y que recibía con desdén las monedas del transeúnte". Una plática intencional donde el granadino "se enciende por dentro" y sentencia:

"Las guitarras de Sevilla hay que oírlas de día, las de Granada después de media noche"... Granada vive de día para los pintores y de noche para los músicos. La Alhambra emplazada en su montaña era blanca de día y roja por las noches; en otros tiempos los reyes moros encendían hogueras en sus torreones como señal de vigilancia y símbolo de poderío. Cuando la Alhambra fue tomada y expulsados los últimos palaciegos, la nostalgia de un pueblo que tiene sangre árabe se volvió recóndita y al toque de las guitarras de media noche se recuerdan las luces y los cantos de otros tiempos.

El intercambio se extiende y se explaya sobre los temas característicos de esa región; de "las esencias populares", el mundo flamenco, los bailes y las cuevas gitanas, el universo de los toreros, asuntos que dan pie para que García Lorca narre una anécdota:

Fue en Cádiz, nos dice, donde Sánchez Mejías me llevó a una taberna del puerto. Se convidó a los guitarristas […] y a las mozas del barrio a un rato de jaleo. Comienzan las peteneras que traen algo del cante de América, los fandanguillos, soleares y bulerías y aquello se va animando. Circula la manzanilla y se opina y se discute sobre lo mejor del flamenquismo y se hace una rueda para que cada uno ponga su muestra. De pronto un chavalillo de seis a ocho años se coloca al centro y empieza a bailar, como se baila el flamenco, con la cintura, con los brazos, con el gesto, con un movimiento de pies apenas perceptible. Aquel chico fue el ganador de la jornada. Le ofrecieron unos duros y no los quiso y con acento gitano dijo: "Yo sólo quiero comer..." Qué raza, qué pueblo elegante, orgulloso, artista a pesar del hambre, dice García Lorca y se le llenan los ojos de lágrimas.

Pedro de Alba, fascinado cronista de esos momentos, se interroga ante los ojos húmedos del poeta: "no sabemos si por la hazaña del chavalillo gaditano o por el recuerdo de Ignacio Sánchez Mejías", para continuar:

Relata luego historias fabulosas de millonarios enamorados de gitanas; la crónica de oro de los cantaores y bailaores de flamenco más célebres desde el "Mochuelo" y el "Burrero" hasta la madre de los Gallos y Pastora Imperio.

La historia de este encuentro está fechada en Madrid en el mes de mayo de 1936 y publicada en México en *El Nacional*, el 9 de junio de ese mismo año, es decir, días antes de la muerte de García Lorca. El valor de esta imagen fugaz y única de Pedro de Alba se inscribe también como un rico y sensible aporte de los mexicanos que se sintieron, que se vieron esplendorosamente enriquecidos y conmovidos con ese trato personal.

# OCTAVIO PAZ

Como Bernardo Ortiz de Montellano, Octavio Paz nunca tuvo contacto personal con Federico García Lorca. En todo caso su relación fue más estrecha que muchos que lo trataron, y se dio a través de la palabra poética.

En *Corriente alterna* (1967) trae a colación.

En 1930 ingresé en la Escuela Nacional Preparatoria, en donde se cursaban, en aquella época, los dos últimos años de bachillerato. Muy pronto, con mis amigos de entonces, casi todos aprendices como yo, comencé a leer a los nuevos poetas de España y de América. En unos pocos meses saltamos de los modernistas hispanoamericanos —Lugones, Herrera y Reissig, López Velarde— a la poesía moderna propiamente dicha: Huidobro y Guillén, Borges y Pellicer, Vallejo y García Lorca. Los poetas españoles me deslumbraron. Recuerdo mi sorpresa al leer *Manual de espumas* de Gerardo Diego, una sorpresa que la lectura de la *Fábula de Equis y Zeda*, un poco después, hizo más intensa y lúcida. Es difícil describir el estado de espíritu, a un tiempo exaltado y perplejo, con que leí *Cántico, Romancero gitano, Seguro azar, Cal y canto, La destrucción o el amor...* Asombro, delicia, pasión, complicidad y, en fin, simpatía. Pero simpatía en el sentido que daban los estoicos a la palabra: esa fuerza afectiva que, al unir a las cosas y a los espíritus, les da coherencia.

Rafael Alberti y su esposa María Teresa León visitan México a principios de 1935; Paz, que por entonces tenía 21 años, los frecuenta en amistad; igualmente en *Corriente alterna* comenta que dentro de sus pláticas se deslizó continuamente el nombre de Federico García Lorca:

Hablaba con calor y generosidad de sus amigos —García Lorca, Bergamín, Altolaguirre— y también de Neruda, que en aquellos días era cónsul de Chile en Madrid.

Recuerdo algunos paseos con Rafael y fragmentos de conversaciones sobre lo humano y lo divino, más sobre lo primero que sobre lo segundo, Quevedo y Neruda, García Lorca y Sánchez Mejías —muerto hacía poco y al que yo, niño, había visto torear en la plaza de Puebla.

Pocos meses después de regresar a México del Congreso por la Libertad de la Cultura que se llevó a cabo en 1937 en Madrid, Valencia y Barcelona, Octavio Paz publica una antología poética, *Voces de España (Breve antología de poetas españoles contemporáneos)*, "Homenaje a los poetas españoles en el segundo aniversario de su heroica lucha. México a 17 de julio de 1938", editada por la revista *Letras de México*. No aparece ningún poema de Federico García Lorca —su única presencia ahí es "Estancia en la muerte con Federico García Lorca", un fragmento poético de Emilio Prados—; sin embargo, en las palabras que sirven de presentación dice Paz:

Y Federico García Lorca, muerto, no por sus ideas políticas, como dicen por allí los malvados o los desorientados, sino, simple y monstruosamente, por sus *ideas vivas*, por su poesía que reanudaba la expresión digna y universal de lo más oscuro y esencial del hombre, del pueblo español, es otro ardiente testimonio de esta unanimidad de los poetas españoles, frente a los valores esenciales de su pueblo, cara al crimen de una casta podrida y juzgada ya por sus hechos.

A partir de entonces la figura de García Lorca y sus valores estéticos serán un inmenso río. Quizás un amplio y llameante océano que inunda y se enlaza a la vasta obra del mexicano, ya como concordancia o apoyo de sus teorías, ya como fundador de nuevas corrientes.

En la revista *Taller* de julio y agosto de 1940, en su ensayo "Mundo de perdición" sobre José Bergamín, asentará:

La porción más valiosa y entrañable de la poesía española joven la forman, sin duda, los poetas andaluces: Cernuda, Alberti, Lorca,

Prados, Altolaguirre, Aleixandre, continuadores, dice Juan Ramón, de esa línea poética y lírica que encarnan Garcilaso, fray Luis, san Juan y Bécquer y que se prolonga, hasta nuestros días, a través de Darío, Unamuno, Machado y el propio Juan Ramón. José Bergamín pertenece a ese grupo andaluz, pero no escribe, habitualmente, poesía.

La editorial Séneca en 1941 da a conocer *Laurel (Antología de la poesía moderna en lengua española)*, seleccionada por Emilio Prados, por Xavier Villaurrutia, quien hace la presentación, por Juan Gil-Albert y Octavio Paz. Una estrecha mancomunión que dará pie para que en *Novedades*, el 23 de agosto de 1943 y 30 de agosto del 43, se inserten dos artículos de Octavio Paz; en el segundo de ellos, "El corazón de la poesía", referido a Rubén Darío, y después de concretar que la poesía latinoamericana "Posee un carácter y una coherencia de la que se alimentan la tradición y la aventura", anota

> que la poesía última, a pesar de ostentarse como una ruptura del orden tradicional —o quizá por eso mismo— continúe en sus líneas más constantes y profundas a esa tradición que niega en apariencia. Muchos han advertido la presencia de Rioja, Medrano y Bécquer en la obra de Cernuda; ya es un lugar común señalar que la poesía de Alberti desciende de Gil Vicente, Góngora, Pedro de Espinosa, Darío y Juan Ramón; toda la crítica relaciona la obra de Lorca con la figura de Lope (y algunos creen notar también ciertos ecos del Duque de Rivas).

Si la estadística puede ser también reveladora de fidelidad y de afecto, de constancia y admiración, en la obra crítica de Octavio Paz la mención, el llamamiento de Federico García Lorca rebasa el número 60. Ocurrirá a la creación del granadino para estudiarlo y considerar su libro, *Poeta en Nueva York*, parteaguas del verbo de la lírica moderna, en especial la "Oda a Walt Whitman".

Revisarlo, asimismo, en sus diversas conexiones; en sus fundamentales ataduras con el surrealismo; como recuperador y transformador de tradiciones; original en aunar, armonizar voz, danza y música; esclarecedor de significados en la poética; formulante de la dignidad de lo popular, etcétera. Todo sin anular el recuento emocionado de aquella personalidad, cada vez que el nombre del andaluz hacía propicia una obligada referencia como "uno de los grandes creadores de nuestro tiempo", más aún, esencial.

\* \* \*

La voluntad, la idea de este trabajo soslaya otro de los temas que sería necesario enfocar. Me refiero a la influencia de la poesía y el teatro de García Lorca en la creación de escritores mexicanos tales como: Alfonso Reyes, José Gorostiza, Bernardo Ortiz de Montellano, Salvador Novo, Concha Urquiza, Miguel N. Lira, Octavio Novaro, Rosario Castellanos y el propio Octavio Paz.

Tal vez el recorrido de autores y la bibliografía incluida en la presente edición puedan servir de acicate para ese futuro estudio, orientador y necesario de uno de los poetas en lengua hispánica asentado y acentuado ya en la perpetuidad.

# PARA UNA BIBLIOGRAFÍA DE GARCÍA LORCA EN MÉXICO

Abreu Gómez, Ermilo, "García Lorca", *Frente a Frente*, núm. 7, 1937, p. 5.

Abril, Xavier, "Breve antología poética. 'Elegía a Federico García Lorca' asesinado en el alba", *Letras de México*, núm. 12, 15 de diciembre de 1941, p. 3.

—— "Anuncios y presencias", *Letras de México*, núm. 24, 1º de febrero de 1938, p. 1.

—— "Anuncios y presencias", *Letras de México*, núm. 33, 1º de noviembre de 1938, p. 1.

—— "Anuncios y presencias", *Letras de México*, núm. 7, 15 de julio de 1939, p. 1.

—— "Anuncios y presencias", *Letras de México*, núm. 19, 15 de julio de 1940, p. 1.

—— "Anuncios y presencias", *Letras de México*, núm. 18, 15 de junio de 1942, p. 1.

—— "Anuncios y presencias", *Letras de México*, núm. 20, 15 de agosto de 1942, p. 1.

—— "Anuncios y presencias", *Letras de México*, núm. 5, 15 de mayo de 1943, p. 1.

—— "Anuncios y presencias", *Letras de México*, núm. 120, 1º de febrero de 1946, p. 223.

Acosta, Marco Antonio, "García Lorca: del 5 de junio de 1898 al 19 de agosto de 1936", *El Día*, 28 de junio de 1972, p. 17.

Alardín, Carmen, "*Preludio inmortal a Federico García Lorca* de Volga Marcos", *Estaciones*, núm. 5, primavera de 1957, p. 99.

Alberti, Rafael, "García Lorca en el recuerdo", *México en la Cultura*, supl. de *Novedades*, 16 de septiembre de 1956, p. 3. [Con dos retratos de Federico García Lorca y otro de conjunto tomado en el Ateneo de Sevilla en 1927.]

Aleixandre, Vicente, "García Lorca en el recuerdo", *México en la Cultura*, supl. de *Novedades*, 16 de septiembre de 1956, p. 3.

Alfaro, María, "Tres heroínas nefastas de la literatura española", *Cuadernos Americanos*, mayo-junio de 1965, pp. 246-254.

Alonso, Dámaso, "García Lorca en el recuerdo", *México en la Cultura*, supl. de *Novedades*, 16 de septiembre de 1956, p. 3.

Alonso, Rafael, "Federico García Lorca, el autor favorito en San Juan Puerto Rico", *El Universal*, 25 de octubre de 1978, p. 3.

Alva, Pedro de, "Motivos sobre Federico García Lorca", *El Nacional*, 9 de junio de 1936, pp. 1 y 4.

Alverde, Vicente, "Cuando Lorca pensaba venir a México", *El Día*, 13 de julio de 1973, p. 4.

Amado, Antonio, "La poesía religiosa de Federico García Lorca", *México en la Cultura*, supl. de *Novedades*, 21 de agosto de 1960, p. 2.

Andújar, Manuel, *El primer juicio final/Los aniversarios/El sueño robado* (homenaje a Federico García Lorca), Ediciones De Andrea, 1962, 157 pp.

Anónimo, "Mañana embarca Margarita Xirgu", *El Nacional*, 12 de abril de 1936, p. 8.

Anónimo, "Será invitado a venir a México el poeta García Lorca", *El Universal Gráfico*, 16 de abril de 1936, p. 17.

Anónimo, "Margarita Xirgu está ya entre nosotros", *El Nacional*, 17 de abril de 1936, p. 6.

Anónimo, "Margarita Xirgu inaugura hoy su temporada en Bellas Artes", *El Nacional*, 18 de abril de 1936, p. 6.

Anónimo, "*Yerma* de García Lorca estrenada con gran éxito en Bellas Artes", *El Universal Gráfico*, 20 de abril de 1936, p. 4.

Anónimo, "Teatro de Bellas Artes", *El Nacional*, 1° de mayo de 1936, p. 8.

Anónimo, "Teatrales: otra comedia de García Lorca", *El Universal Gráfico*, 2 de mayo de 1936, p. 16.

Anónimo, "Rivas Cherif explica como ha montado *Bodas de sangre*", *El Nacional*, 10 de junio de 1936, p. 6.

Anónimo, "Una escena de *Bodas de sangre*, que se estrena pasado mañana en Bellas Artes", *El Nacional*, 11 de junio de 1936, p. 6.

Anónimo, "Mañana *Bodas de sangre* en el Teatro de Bellas Artes", *El Nacional*, 12 de junio de 1936, p. 6.

Anónimo, "Teatro de Bellas Artes", *El Nacional*, 13 de junio de 1936, p. 6.

Anónimo, "Esta noche estreno de *Bodas de sangre* en Bellas Artes", *El Nacional*, 13 de junio de 1936, p. 7.

Anónimo, "El éxito de *Bodas de sangre* en Bellas Artes", *El Nacional*, 17 de junio de 1936, p. 6.

Anónimo, "El éxito de *Bodas de sangre* obliga a aplazar el estreno de *Santa Juana*", *El Nacional*, 18 de junio de 1936, p. 6.

Anónimo, "Bellas Artes. Hoy *Bodas de sangre* a precios populares", *El Nacional*, 25 de junio de 1936, p. 6.

Anónimo, "Dos estrenos en Bellas Artes", *El Nacional*, 30 de junio de 1936, p. 6.

Anónimo, "Muere Antonio el Camborio", *Jueves de Excélsior*, 15 de octubre de 1936, p. 3. [Ilustración: Federico García Lorca según dibujo de Arteche.]

Anónimo, "Se confirma el asesinato de Federico García Lorca", *El Ilustrado*, 15 de octubre de 1936, p. 44.

Anónimo, "Homenajes", *El Nacional*, 10 de noviembre de 1936, p. 6.

Anónimo, "Fue transferido el homenaje a Federico García Lorca", *El Nacional*, 12 de noviembre de 1936, pp. 1 y 5.

Anónimo, "El homenaje al poeta Federico García Lorca", *El Nacional*, 16 de noviembre de 1936, pp. 1 y 3.

Anónimo, "La muerte fue en Granada", *El Nacional*, 25 de noviembre de 1936, p. 1.

Anónimo, "Credo estético de García Lorca", *Revista de Revistas*, 6 de diciembre de 1936, pp. 19-20. [Ilustración: García Lorca en unión de sus padres en su casa solariega de Granada. Otra foto de García Lorca con Margarita Xirgu la noche del estreno de *Yerma* en el Teatro Español de Madrid.]

Anónimo, "El pez que fuma. Simpatías y semejanzas", *Letras de México*, núm. 34, 1º de diciembre de 1938, p. 7.

Anónimo, "Poemas de Federico García Lorca", *Taller*, núm. 1, diciembre de 1938, pp. 33-50. [Con un retrato de García Lorca por José Moreno Villa, más dos ilustraciones del mismo pintor.]

Anónimo, "Federico García Lorca: *in memoriam*", *España Peregrina*, núm. 1, febrero de 1940, p. 6.

Anónimo, "Las revistas", *Letras de México*, núm. 126, 15 de agosto de 1946, p. 314.

Anónimo, "Dibujos de poetas: de García Lorca a Cocteau", *México en la Cultura*, supl. de *Novedades*, 23 de abril de 1950, pp. 5 y 7. [Con un dibujo de Federico García Lorca.]

Anónimo, "Federico García Lorca", *México en la Cultura*, supl. de *Novedades*, 4 de noviembre de 1951, p. 8.

Anónimo, "España: Córdoba", *México en la Cultura*, supl. de *Novedades*, 14 de abril de 1957, p. 10.

Anónimo, "Los libros al día", *México en la Cultura*, supl. de *Novedades*, 2 de junio de 1957, p. 4.

Anónimo, "Cuba recordó ayer el asesinato de García Lorca", *Excélsior*, 6 de agosto de 1966, p. 3.

Anónimo, "Picasso/García Lorca", *Revista de la Universidad*, mayo de 1973, pp. 1-9.

Anónimo, "Federico murió junto a dos banderilleros", *Revista de la Semana*, 10 de mayo de 1975, p. 14.

Anónimo, "Sangre y tierra de García Lorca", *El Día*, 22 de abril de 1975, p. 4.

Anónimo, "Federico García Lorca en oro y rojo", *El Universal*, 25 de enero de 1976, pp. 6-7.

Anónimo, "Libros y antilibros", *El Gallo Ilustrado*, supl. de *El Día*, 15 de agosto de 1976, p. 17. [Con un retrato de Federico García Lorca.]

Anónimo, "Libros y antilibros", *El Gallo Ilustrado*, supl. de *El Día*, 22 de agosto de 1976, p. 13.

Anónimo, "Letras e ideas", *El Gallo Ilustrado*, supl. de *El Día*, 2 de enero de 1977, p. 16.

Anónimo, "Han pasado 41 años y aún son dudosas las circunstancias de la muerte de García Lorca", *Excélsior*, 25 de octubre de 1977, p. 1.

Anónimo, "Publican dos obras inéditas de García Lorca", *Excélsior*, 10 de junio de 1978, p. 1.

Anónimo, "García Lorca pasó su último día en Madrid con M. Nadal", *Excélsior*, 3 de octubre de 1978, pp. 1 y 4. [Con tres retratos de García Lorca.]

Anónimo, "Homenaje a García Lorca en Caracas", *Excélsior*, 24 de febrero de 1979, p. 6E.

Anónimo, "Nuevo libro sobre vida y muerte de García Lorca", *Excélsior*, 21 de abril de 1979, p. 5.

Anónimo, "Falleció el autor de la obra *El último mes de García Lorca*", *El Nacional*, 13 de noviembre de 1979, p. 21.

Anónimo, "Presentarán hoy en el video dos obras de García Lorca", *Excélsior*, 13 de noviembre de 1979, p. 5.

Anónimo, "Buscan a García Lorca", *Novedades*, 17 de enero de 1980, p. 1.

Anónimo, "Federico García Lorca (1898-1936)", *La Cabra*, marzo-mayo de 1980, p. 23.

Anónimo, "*La casa de Bernarda Alba* de Lorca, y *El jardín de los cerezos* de Chéjov, éxitos", *Excélsior*, 8 de mayo de 1980, pp. 17B y 27B.

Anónimo, "Conmemoran en Granada el nacimiento de García Lorca", *El Nacional*, 1º de junio de 1980, p. 1.

Anónimo, "Ian Gibson y la muerte de García Lorca", *El Día*, 25 de junio de 1980, p. 1.

Anónimo, "Las pinturas y dibujos de Federico García Lorca podrían compararse con su poesía", *Excélsior,* 21 de junio de 1981, p. 1.

Anónimo, "Cervantinas. Lorca, o así que pasen cinc...uenta años, con el Teatro Nacional de Baden", *El Nacional*, 21 de octubre de 1989, p. 1.

Anónimo, "Carol Petersen tradujo a García Lorca al alemán y escribió un libro sobre el poeta", *Excélsior*, 5 de febrero de 1983, pp. 1 y 8.

Anónimo, "Lorca, teatro imposible: poesía corporal", *La Cabra*, noviembre-diciembre de 1995, pp. 1 y 5.

Anónimo, "España rendirá homenaje a uno de sus autores universales: Federico García Lorca", *Crónica*, 16 de enero de 1998, p. 13B. [Con un retrato de Federico García Lorca.]

Arteaga P., Domingo, *Tres poetas: Miguel Hernández, Federico García lorca, Pablo Neruda*, Editores Mexicanos Unidos, 1979, 251 pp.

Atamoros, Noemí, "Recordaron los poemas de Federico García Lorca, durante un homenaje", *Excélsior*, 18 de noviembre de 1977, pp. 1B y 2B. [Con dos retratos y una caricatura de García Lorca por José Moreno Villa, otro por Santiago Ontañón.]

Attolini, José, "Yerma y honra", *El Nacional*, 26 de abril de 1936, pp. 1 y 4.

——— "Doña Rosita y las Flores", *El Nacional*, 8 de mayo de 1936, p. 1.

Auclair, Marcelle, *Vida y muerte de García Lorca*, Era, 1972, 411 pp.

Ayala, Felipe, "*Poeta en Nueva York* de Federico García Lorca", *Voces*, octubre de 1940, pp. 54-56.

Bachiller Alcañices, El, "Destrucción de la mentira", *Ecos Mundiales*, núm. 11, 1938, pp. 47-48.

Baeza, Ricardo, "García Lorca en el recuerdo", *México en la Cultura*, supl. de *Novedades*, 16 de septiembre de 1956, p. 3.

Balbotin, José Antonio, *Tres poetas de España: Rosalía de Castro, Federico García Lorca, Antonio Machado*, edición del autor, 1957, 160 pp.

Ballagas, Emilio, "Un soneto a Federico García Lorca", *México en la Cultura*, supl. de *Novedades*, 16 de septiembre de 1956, p. 3.

Banda Farfán, Raquel, *La tierra de los geranios. Viñetas de Federico García Lorca*, Costa-Amic, 1967, 61 pp.

Bárcenas, Ángel, "Divagación sobre el teatro de García Lorca", *El Nacional*, 3 de diciembre de 1974, p. 15.

Bartra, Agustí, "Los temas de la vida y de la muerte en la poesía de Antonio Machado, García Lorca y Miguel Hernández", *Cuadernos Americanos*, septiembre-octubre de 1962, pp. 191-212.

Bergamín, José, "García Lorca en el recuerdo", *México en la Cultura*, supl. de *Novedades*, 16 de septiembre de 1956, p. 3.

────── "Prólogo a *Poeta en Nueva York* ", Editorial Séneca, 1940, pp. 7-8 y 17-27. Reprod. en *El Nacional*, 6 de octubre de 1940, p. 8. [Con un dibujo de Federico García Lorca perteneciente a la colección Luis Cardoza y Aragón.]

Bermúdez, María Elvira, "Semblanza de Federico García Lorca", *El Nacional*, 6 de febrero de 1949, pp. 8-9.

Bracho, Julio, "El teatro nuevo de España: García Lorca-Margarita Xirgu-Rivas Cherif", *El Nacional*, 23 de abril de 1936, pp. 1 y 3.

Buendía, J.M., "España, ahora... Un año más de la muerte de García Lorca", *Novedades*, 16 de agosto de 1979, p. 1. [Con un retrato de García Lorca por Santiago Ontañón.]

────── "España ahora...críticas de Alberti por el homenaje a García Lorca", *Novedades*, 19 de junio de 1980, p. 1.

Camp, Jan, "Perennidad de García Lorca", *Excélsior*, 10 de mayo de 1955, p. 2.

Campo, Xorge del, "¿Poeta o nombre de calle?", *El Nacional*, 26 de octubre de 1977, p. 4.

────── "Edición simultánea de obras inéditas de García Lorca", *El Nacional*, 14 de noviembre de 1978, p. 1.

Campuzano, Juan R., "La sensibilidad infantil de García Lorca", *Letras de México*, núm. 2, 15 de febrero de 1941, pp. 4 y 8.

Cano, José Luis, "De *El maleficio de la mariposa* a *Mariana Pineda*". "Los años 1920 a 1927 de la vida de García Lorca", julio-agosto de 1962, pp. 201-213.

Cardona Peña, Alfredo, "Lectura de Federico García Lorca", *Excélsior,* 6 de enero de 1957, p. 3.

Cardoza y Aragón, Luis, "El romance de Federico García Lorca", *Revista de Avance*, La Habana, núm. 44, 15 de marzo de 1930, p. 74.

────── "*In memoriam* probable: Federico García Lorca", *El Nacional*, 30 de septiembre de 1936, p. 1.

────── "Federico García Lorca", *El Nacional*, 30 de septiembre de 1936, p. 1.

────── "Federico en Nueva York", *Romance*, núm. 13, 1º de agosto de 1940, pp. 1-2.

────── "Dos soledades (Canto. Federico García Lorca)", *Romance*, núm. 16, 15 de septiembre de 1940, p. 9.

────── "'Soledad' de Federico García Lorca" y "Federico García Lorca: 'Cinco recuerdos'", *Poesías completas y algunas prosas*, Fondo de Cultura Económica, colección Tezontle, 1977, pp. 149-

151 y 584-602. Reprod. con el título "Cuatro recuerdos" en *Casa de las Américas*, La Habana, núm. 101, marzo-abril de 1977, pp. 35-44. Reprod. con algunas variantes en *El río. Novelas de caballería*, Fondo de Cultura Económica, 1986, cap. XVII, pp. 332-348.

——— *El río. Novelas de caballería*, Fondo de Cultura Económica 1986, pp. 147, 206-207, 300, 323, 326-328, 330, 332-338, 340-341, 346-348, 350-354, 370, 397, 553, 567, 577, 579, 693-696, 781.

Castañeda, Daniel, "Música", *Letras de México*, núm. 6, 15 de junio de 1939, p. 4.

Castro, Eduardo, "Aniversario de García Lorca servirá este año de acercamiento del poeta Pablo Neruda", *El Día*, 3 de junio de 1980, p. 10. [Con retrato de los dos poetas.]

Castro Leal, Antonio, "*Retablillo de don Cristóbal* de Federico García Lorca" (Prólogo de...), Teatro de Bolsillo, 1967, 30 pp.

Cernuda, Luis, "Lorca", *México en la Cultura*, supl. de *Novedades*, 30 de mayo de 1954, p. 3.

Cervantes, Francisco, "Si Federico volviera...", *Sábado*, supl. de *UnomásUno*, 23 de agosto de 1986, p. 1.

Cirre, José Francisco, "Algunos aspectos del *Jardín cerrado* en las *Canciones* de Federico García Lorca", enero-febrero de 1964, pp. 206-217.

——— "El caballo y el toro en la poesía de García Lorca", *Cuadernos Americanos*, noviembre-diciembre de 1952, pp. 231-245.

——— "Sublimación de elementos populares. Rafael Alberti, Federico García Lorca", *Forma y espíritu de una lírica española (1920-1935)*, Gráfica Panamericana, 1950, pp. 71-102.

Climent, Juan B., "García Lorca, poeta revolucionario", *Excélsior*, 6 de enero de 1957, p. 3.

——— "García Lorca y la España tradicional", *Novedades*, 15 de septiembre de 1988, p. 3.

Correa, Gustavo, "*Poeta en Nueva York* de Federico García Lorca", *Cuadernos Americanos*, enero-febrero de 1959, pp. 224-233.

Cova, Arturo, "Homenaje a García Lorca en el Manolo Fábregas", *El Nacional*, 1° de diciembre de 1971, p. 1.

Crow, J.A., "Bibliografía hispanoamericana de Federico García Lorca", *Revista Iberoamericana*, 1939, pp. 307-319.

Chabas, Juan, "García Lorca en el recuerdo", *México en la Cultura*, supl. de *Novedades*, 16 de septiembre de 1956, p. 3.

Chabat, Carlos H., "[Federico García Lorca]", *Índice*, núm. 3, Guadalajara, Jalisco, 1936, pp. 33-36.

Chávez, Carlos, *La casada infiel* [The faithless wife] para canto y piano. [Poemas de Federico García Lorca. English words by Noel Lindsay], 1960, 12 pp.

Chumacero, Alí, "*Poesía y destrucción* de Arturo Rivas Sainz", *Tierra Nueva*, núm. 6, noviembre-diciembre de 1940, pp. 350-352.

Délano, Luis Enrique, "García Lorca en el recuerdo", *México en la Cultura*, supl. de *Novedades*, 16 de septiembre de 1956, p. 3.

Durán Rosado, Esteban, "A cuarenta y cinco años del gran crimen. La tragedia lorquiana", *El Nacional*, 16 de agosto de 1981, p. 1. [Con un retrato de García Lorca por Salvador Pruneda.]

Espinoza, Tomás, "Lorca: el Teatro sin puertas", *Excélsior*, 5 de noviembre de 1978, p. 6.

Espinoza Altamirano, Horacio, "[García Lorca]", *Eurindia*, diciembre de 1936, p. 2.

Estrada, Genaro, "Un poema inédito de Federico García Lorca: 'Paisaje con dos tumbas y un perro asirio'", *Universidad*, noviembre de 1937, p. 24.

——— "Federico García Lorca", *Universidad*, núm. 10, noviembre de 1936, p. 15. [Incluye el poema "Herbario" de García Lorca.] Reprod. en *Obras completas* (comp., pról., notas y bibliografía por Luis Mario Schneider), Siglo XXI, 1988, t. I, p. 278.

First Lerer, Estela, *Contrastes y afinidades entre la obra lírica de Juan Ramón Jiménez y Federico García Lorca* (tesis), Facultad de Filosofía y Letras, Universidad Nacional Autónoma de México, 1956, 134 pp.

Flores, Bernardo, *García Lorca al desnudo*, Costa-Amic, 1986, 160 pp.

Franco R., Luis G., "En busca de García Lorca", *El Universal*, 5 de julio de 1978, pp. 5 y 9.

Frías, José D., "Un poeta popular", *Crisol*, 31 de julio de 1932, pp. 52-54.

Galindo, Carmen, "García Lorca y el color. Federico García Lorca", *Novedades*, 9 de septiembre de 1976, p. 4.

García, Soledad, "La otra cara de la moneda en el asesinato de García Lorca. Las cosas que oculta Luis Rosales", *Siempre!*, 2 de mayo de 1973, p. 5.

——— "Tergiversaciones sobre García Lorca", *Siempre!*, 6 de junio de 1973, p. 4.

——— *Homenaje a Federico García Lorca en el XX aniversario de su muerte*, Costa-Amic, 1966, 63 pp. [Con un retrato de Federico García Lorca.]

García Lorca, Francisco, "Córdoba, lejana y sola", *Cuadernos Americanos*, julio-agosto de 1947, pp. 233-244.

Gibson, Ian, "Federico García Lorca y Cataluña", *La Jornada*, 26 de mayo de 1985, pp. 5-6. [Con un retrato de Federico García Lorca por Ives Lequesne.]

Gómez de Vaquero, "García Lorca en el recuerdo", *México en la Cultura*, supl. de *Novedades*, 16 de septiembre de 1956, p. 3.

Granados, Mariano, "La tumba de García Lorca", *Novedades*, 22 de agosto de 1969, p. 3.

Granel, E.F., *La leyenda de Lorca y otros escritos*, Costa-Amic, 1973, 284 pp.

Guardia, Miguel, "El teatro en México", *México en la Cultura*, supl. de *Novedades*, 28 de junio de 1957, p. 9.

—— "*La casa de Bernarda Alba*", *México en la Cultura*, supl. de *Novedades*, 28 de junio de 1957, p. 9.

—— "El teatro en México (*La zapatera prodigiosa. Llanto por Sánchez Mejías*)", *México en la Cultura*, supl. de *Novedades*, 17 de noviembre de 1957, p. 7.

—— "*Bodas de sangre* y *Filomena Marturano*", *México en la Cultura*, supl. de *Novedades*, 12 de mayo de 1957, p. 7.

—— "Homenaje a García Lorca", *México en la Cultura*, supl. de *Novedades*, 11 de mayo de 1952, p. 5.

Guerra, Humberto, "La muerte de García Lorca", *Excélsior*, 4 de noviembre de 1984, p. 6.

Guillén, Fedro, "México y García Lorca", *El Nacional*, 26 de julio de 1968, p. 3.

Gutiérrez Vega, Hugo, "El regreso del poeta en Nueva York", *Cuadernos Hispanoamericanos*, Madrid, septiembre-octubre de 1986, pp. 688-691.

Haro, Blanca, "Biografías al alpiste. Federico García Lorca", *Fin de Semana*, 26 de junio de 1970, p. 14.

Henestrosa, Andrés, "La nota cultural", *El Nacional*, 16 de noviembre de 1959, p. 3.

Hernández, Miguel, "Elegía (fragmento)", "Federico García Lorca", *México en la Cultura*, supl. de *Novedades*, 16 de septiembre de 1956, p. 3.

Herrera, Pedro, "Manuscrito de García Lorca al Museo Nacional de La Habana", *El Día*, 11 de enero de 1980, p. 8.

Izaguirre Rojo, Baltazar, "Margarita Xirgu, *Yerma* y yo", *El Universal Gráfico*, 21 de abril de 1936, pp. 6, 9 y 18.

Jarnés, Benjamín, "Poesía en el Teatro", *El Nacional*, 18 de junio de 1936, p. 1.

Jiménez Mabarak, Carlos, *Amanecía en el naranjal* [The orange greve] para coro a cappella. [Texto de F. García Lorca; vers. inglesa de Noel Lindsay], 1949, 7 pp.

Jörgens, Hans-Albert, "García Lorca visto por Carlos Rincón", *Siempre!*, 13 de abril de 1977, pp. IV-VI.

Junco, Alfonso, "Tercia de ases", *El Universal*, 30 de diciembre de 1939, pp. 3, 6.

Lara Barragán, Antonio, "Federico García Lorca", *El Universal*, 10 de mayo de 1975, p. 4.

Larrea, Juan, "Asesinado por el cielo", *España Peregrina*, núm. 66, julio de 1940, pp. 251-256. Reprod. con un dibujo de Federico García Lorca en *Letras de México*, núm. 1, 15 de enero de 1941, pp. 5-6 y 9.

Laurel: *Antología de la poesía moderna en lengua española* (pról. de Xavier Villaurrutia, ed. de Emilio Prados, Juan Gil-Albert y Octavio Paz), Editorial Séneca, 1941.

Lawrence, Esylit T., "La elegía y Federico García Lorca", *El Nacional*, 28 de diciembre de 1947, pp. 1-2.

Lazeta, Julio, "Crónica de Moscú. Causa sensación el *Homenaje a García Lorca* de Silvestre Revueltas al estrenarse en Moscú, *El Día*, 25 de noviembre de 1966, p. 11.

León Portilla, Ascención H. de, *España desde México. Vida y testimonio de trasterrados*, Universidad Nacional Autónoma de México, Coordinación de Humanidades, 1978, pp. 174, 195, 225, 229, 335, 367.

Lerín, Manuel, "García Lorca, completo", *El Nacional,* 17 de diciembre de 1954, p. 10.

Leyva, Raúl, "Un libro incomprendido: *Poeta en Nueva York"*, *México en la Cultura*, supl. de *Novedades*, 16 de septiembre de 1956, p. 7. [Con tres dibujos de Federico García Lorca.]

Liscano, Juan, "Federico García Lorca y aquel amanecer de agosto de 1936", *El Semanario*, 28 de diciembre de 1986, p. 3. [Incluye un retrato-caricatura de García Lorca por Carreño.]

López, Rafael (José Córdoba), "García Lorca"*, El Nacional*, 24 de agosto de 1932, p. 3.

——— "García Lorca en Bellas Artes", *El Nacional*, 22 de abril de 1936, p. 1.

——— "Lope de Vega y García Lorca", *El Nacional*, 4 de mayo de 1936, p. 1.

López Amador, Pedro, "García Lorca, desdeñado", *Siempre!*, 30 de mayo de 1973, p. 5.

López-Morillas, Juan, "García Lorca y el primitivismo lírico", *Cuadernos Americanos*, septiembre-octubre de 1950, pp. 238-250.

Luquín, Eduardo, "El asesinato de García Lorca", *Revista de Revistas*, 6 de diciembre de 1936, p. 39.

——— *Autobiografía*, Ecuador O O´ O, 1967, pp. 281-184.

MacMasters, Merry, "Lágrimas, risas y García Lorca", *El Nacional*, 19 de octubre de 1989, p. 2.

Machado, Antonio, "El crimen fue en Granada", en *Poeta en Nueva York*, Editorial Séneca, 1940, pp. 11-13.

Madero, Luis Octavio y Epigmenio Avilés y Avilés, "Romance a Federico García Lorca", *Revista de Revistas*, 6 de diciembre de 1936, p. 20.

Maria y Campos, Armando de, "Lope de Vega y García Lorca en México", *Presencias de Teatro* (Crónicas 1934, 1936), Ediciones Botas, 1937, pp. 263-265.

Marinello, Juan, "García Lorca, gracia y muerte", *El Nacional*, 22 de octubre de 1936, pp. 1 y 4.

——— "Silvestre Revueltas y Federico García Lorca*", El Gallo Ilustrado*, supl. de *El Día*, 22 de septiembre de 1974, pp. 4-5.

——— *Breve Antología* de Federico García Lorca, edición de la Liga de Escritores y Artistas Revolucionarios con la cooperación del Frente Popular Español y de la Juventud Comunista de México, 1936, 44 pp. [En la portada, un grabado-retrato de Federico García Lorca por A. Silva.] [Incluye "Homenaje a Federico García Lorca en el Palacio de Bellas Artes el sábado 14 de noviembre. Programa: I: *La juventud y la defensa de la cultura* por José Revueltas. II: *Los intelectuales mexicanos frente al caso español* por Germán List Arzubide. III: *Tres piezas para diez instrumentos* por Silvestre Revueltas. IV: *El momento español* por Ramón García Urrutia. V: *Significación de García Lorca* por Juan Marinello".]

Martínez, Juan Carlos, "Conceden el Cervantino Premio Lorca Español", *El Norte*, Monterrey, 21 de noviembre de 1997, p. 3D.

Martínez Coutiño, Luis (Estudio preliminar y notas de...), a *Romancero gitano*, Losada Océano, 1997. (Biblioteca Clásica y Contemporánea), 134 pp.

Martínez Nadal, Rafael, *El público: amor y muerte en la obra de Federico García Lorca*, Joaquín Mortiz, 1974, 393 pp.

Martínez, Sanjuana, "1998: el año de Federico, centenario del nacimiento de García Lorca, pero todavía se sigue lamentando su asesinato, dicen los sobrinos", *Proceso*, 4 de enero de 1998, pp. 566-57. [Con un retrato de Federico García Lorca.]

Mejía Prieto, Jorge, "García Lorca, jardín poético cerrado para muchos", *El Heraldo*, 2 de enero de 1977, p. 8.

Mendoza López, Margarita, "Teatro", *El exilio español en México (1939-1982)*, Salvat-Fondo de Cultura Económica, 1982, pp. 633-646.

Mercado Ramírez, Gabriel, *Canto en la Muerte de García Lorca*, Guadalajara, Jalisco, Navegación Poética, 1938, 12 pp.

Miaja, Teresa, "Mi hermano Federico", *Siempre!*, 26 de septiembre de 1984, p. 4.

Monsiváis, Carlos, "García Lorca y México", *Cuadernos Hispanoamericanos,* Madrid, julio-agosto de 1986, pp. 249-255.

Moreno, Salvador, "*Canciones* (Canción del naranjo seco. Canción del jinete. Alba. Verlaine. Cancioncilla del primer deseo)" (Letra de Federico García Lorca, música de...), Editorial R.M., Barcelona, s/a, 100 pp.

Moreno Villa, José, "Instantes musicales con García Lorca", *Revista Musical Mexicana*, núm. 10 y 11, 1942, pp. 223-224 y 245-246.

——— "Recuerdo de Federico García Lorca, Antonio Machado y Miguel Hernández", *Litoral*, núm. 1, julio de 1944, p. 4. [Retratos.]

——— *Vida en Claro. Autobiografía de...*, El Colegio de México, 1944, 286 pp.

——— *Leyendo a san Juan de la Cruz, Garcilaso, fray Luis de León, Bécquer, Rubén Darío, Juan Ramón Jiménez, Jorge Guillén, Federico García Lorca, Antonio Machado, Goya, Picasso*, El Colegio de México, 1946, 155 pp. (Centro de Estudios Literarios de El Colegio de México, 6.)

——— "Aire en García Lorca", *México en la Cultura*, supl. de *Novedades*, 15 de marzo de 1953, p. 7.

Nandino, Elías, "*Retorno amargo* de María Luisa Hidalgo. *Canto en la muerte de García Lorca* de Gabriel Ramírez Mercado", *Letras de México*, núm. 30, 1° de agosto de 1938, p. 7.

Nelken, Margarita, "Los dibujos de García Lorca". [Con reproducciones de dibujos.] *Excélsior*, 6 de enero de 1957, p. 3.

Neruda, Pablo-Federico García Lorca, "Una conferencia al alimón sobre Rubén Darío", "Diorama de la Cultura", supl. de *Excélsior*, 30 de septiembre de 1973, pp. 10-11. [Con una foto de los dos poetas.]

Nomland, John B., *Teatro mexicano contemporáneo (1900-1950)*, Instituto Nacional de Bellas Artes, Departamento de Literatura, 1967, pp. 108, 259, 260 y 284

Novo, Salvador, *Seamen Rhymes* [dibujos de Federico García Lorca], Casa de don Francisco A. Colombo, Buenos Aires, 1934, 22 pp.

——— *Romance de Angelillo y Adela* [dedicado a Federico García Lorca], Imprenta Mundial, 1934, 14 pp.

―――― "Buenos Aires", *Continente vacío*, Espasa-Calpe, Madrid, 1935, pp. 171-20, Reprod. en *Toda la prosa*, Empresas Editoriales, 1964, pp. 293-311.

―――― "Voces de muerte", *Jueves de Excélsior*, 15 de octubre de 1936, p. 5. [Ilustración: Una escena del segundo acto de *Bodas de sangre* que estrenó en México Margarita Xirgu.]

―――― *Poesía 1915-1955* [con dibujos de García Lorca], Impresiones Modernas, 1955, 310 pp.

―――― "Prólogo", *Mariana Pineda. La zapatera prodigiosa. Así que pasen cinco años. Doña Rosita la soltera. La casa de Bernarda Alba. Primeras canciones. Canciones*, Editorial Porrúa, 1973, 253 pp. ("Sepan Cuantos...", 255). Decimocuarta edición, 1995. Reprod. en *Libro de poemas. Poema del cante jondo. Romancero gitano. Poeta en Nueva York. Odas. Llanto por Sánchez Mejías. Bodas de sangre. Yerma*, Editorial Porrúa, 1973, 234 pp. ("Sepan Cuantos...", 251). Decimotercera edición, 1997.

Núñez, Juan Miguel, "La muerte de García Lorca, un gran misterio", *El Día,* 22 de agosto de 1977, p. 3.

Núñez y Domínguez, Roberto (Roberto el Diablo), "El teatro de García Lorca", *Revista de Revistas*, 6 de diciembre de 1936, p. 18. [Ilustración: Un retrato de Federico García Lorca.]

Ortega, Febronio, "Federico García Lorca", *El Universal Ilustrado*, 2 de diciembre de 1926, pp. 21 y 56. [Ilustración: Un aspecto de la residencia de estudiantes de Madrid y una fotografía de García Lorca y Ortega.]

Ortiz de Montellano, Bernardo, "Motivos". *Romancero gitano, Contemporáneos*, núm. 4, septiembre de 1928, pp. 104-108.

―――― "Suma de Poesía", *Contemporáneos*, núm 12, mayo de 1929, pp. 143-145.

―――― "Poesía de América", *Contemporáneos*, núm. 30-31, noviembre-diciembre de 1930, pp. 269-271.

―――― "Diario de mis sueños (La previsión en los sueños)", *Letras de México*, núm. 1., 15 de enero de 1941, pp. 1-2. Reprod. en *Sueño y poesía* (Nota preliminar de Wilberto Cantón.), Imprenta Universitaria, 1952, pp. 204-207.

―――― "Poemas clásicos y modernos", *Letras de México*, núm. 13, 15 de enero de 1942, p. 6.

Ortiz Saralegui, Juvenal, "Federico García Lorca y Rafael Barradas", *Romance*, núm. 19, 18 de diciembre de 1940, p. 9. [Con dos retratos de García Lorca por Barradas y un *Paisaje* de Hospitalet por el mismo pintor.]

Parés, Nuria, "Semblanza de García Lorca", *Excélsior*, 13 de abril de 1958, p. 4. [Con ilustraciones de Juan Soriano y Mariana Yampolski.]

Paz, Octavio, "Voces de España (Homenaje a los poetas españoles en el 2° Aniversario de su heroica lucha)", *Letras de México*, 1938, pp. 9-10.

—— "El corazón de la poesía", *Novedades*, 30 de agosto de 1943, p. 4.

—— "Mundo de perdición", *Taller*, julio-agosto de 1940, pp. 65-68.

—— *Obras completas*, Fondo de Cultura Económica, 1994-1997, t. I. 69-70, 152, 161, 362, 365; t. III. 73, 93, 107-108, 110-111, 138-190, 201, 241-243, 247, 251, 265, 281, 286-287, 290, 331-332, 352, 374-375, 379; t. IV. 66, 68, 91-92, 96, 113, 181, 286, 305; t. VII. 378; t. VIII. 258, 546; t. IX. 20, 27; t. X. 517.

Pitty, D.L., "Vida luminosa, muerte infame. El año 77 de García Lorca", *El Día*, 30 de septiembre de 1975, p. 15.

Pla y Beltrán, Pascual, "El crimen en Granada", *México en la Cultura*, supl. de *Novedades*, 16 de septiembre de 1956, p. 3

Pradal, Gabriel, "La paloma y el leopardo", *Cuadernos Americanos*, julio-agosto de 1957, pp. 193-207.

—— "Las cosas de Federico", *Cuadernos Americanos*, septiembre-octubre de 1953, pp. 271-280.

Purón-Bosque, Ramón, "García Lorca: su influencia en el mundo de la música", *El Gallo Ilustrado*, supl. de *El Día*, 31 de diciembre de 1977, p. 6.

Ramos, Samuel, "García Lorca en inglés", *Letras de México*, núm. 8, 15 de agosto de 1939, p. 9.

—— "Séneca", *Letras de México*, núm. 12, 15 de diciembre de 1939, p. 7.

—— "Señales. Libros sobre García Lorca", *Letras de México*, núm. 13, 15 de enero de 1942, p. 12.

Rejano, Juan, "Para un aniversario: García Lorca y España", *Romance*, núm. 15, 1° de septiembre de 1940, p. 20.

—— *El poeta y su pueblo. Un símbolo andaluz: Federico García Lorca*, Ediciones del Centro Andaluz, 1945, 170 pp. [Con viñetas de Ramón Gaya.]

—— "A Federico García Lorca (1946). Gacela de la sombra", en *Libro de los homenajes*, Universidad Nacional Autónoma de México, 1961.

Revueltas, Silvestre, *Duelo por García Lorca. Baile. Son* (Tres piezas para diez instrumentos), 1936.

—— *Epistolario*, Universidad Nacional Autónoma de México-Difusión Cultural-Departamento de Música, 1974, pp. 17, 60, 62 y 91.

Reyes, Alfonso, "Cantata en la tumba de Federico García Lorca", *Letras de México*, núm. 20, 1° de diciembre de 1937, p. 3.

———— *Cantata en la tumba de Federico García Lorca*, Buenos Aires, Luis Seoane, 1937, 4 pp.

———— *Diario (1911-1930)*, Universidad de Guanajuato, Guanajuato, 1969.

———— *Obras completas*, Fondo de Cultura Económica, 1956-1993, t. II. 42; t. VI. 271; t. X. 164-169; t. XIV. 293; t. XV. 63; t. XXIV. 181.

Reyes Nevares, Salvador, "Los libros al día. Tres poetas de España", *México en la Cultura*, supl. de *Novedades*, 4 de mayo de 1958, p. 4.

Río, Ángel del, "García Lorca en el recuerdo", *México en la Cultura*, supl. de *Novedades*, 16 de septiembre de 1956, p. 3.

Río, Consuelo del, "En la muerte de Federico García Lorca, *Universidad*, diciembre 1936, p. 10.

Rivas Cherif, Cipriano, "La muerte y la pasión de Federico García Lorca", *Excélsior*, 6-27 de enero de 1957, pp. 1, 3, 4.

Rivas Sáinz, Arturo, "García Lorca y la metáfora", *Prisma*, Guadalajara, Jalisco, 1° de abril de 1940. Reprod. en *Poesía y destrucción*, Guadalajara, Jalisco, 1940.

Rosales, José Natividad, "Confusión en torno al asesinato de García Lorca. Hora de lavarse las manos", *Siempre!*, 9 de mayo de 1973, pp. 7 y 70.

Rosales, Luis, "La Andalucía del llanto. Al margen del *Romancero gitano* de García Lorca", *Revista de Revistas*, 6 de diciembre de 1936, pp. 31-35. [Incluye un dibujo de García Lorca por Arteche.]

Sáenz de la Calzada, "El teatro universitario español La Barraca", *América*, agosto de 1949, p. 9.

Sáenz de Robles, S.C., "García Lorca en el recuerdo", *México en la Cultura*, supl. de *Novedades*, 16 de septiembre de 1956, p. 3.

Salazar Mallén, Rubén, "Letras: Un eco de García Lorca", *Mañana*, 6 de febrero de 1990.

Salazar y Chapela, E., "García Lorca en Londres" (Reseña de: Lament for the death of a bullfighter and other poems. Trad. de Stephen Spender y J.L. Gil), *Romance*, núm. 7, 1° de mayo de 1940, p. 18.

Salinas, Pedro, "Dramatismo y teatro de Federico García Lorca". "Dos elegías a un torero: García Lorca y Alberti", *Literatura española Siglo XX*, Editorial Séneca, 1941, 354 pp., (Colección Lucero).

———— "García Lorca en el recuerdo", *México en la Cultura*, supl. de *Novedades*, 16 de septiembre de 1956, p. 3.

———— "Nueve o diez poetas", *El Hijo Pródigo*, núm. 26, 15 de mayo de 1945, pp. 71-79.

Sánchez de Ocaña, Rafael, "Vida teatral", *El Nacional,* 23 de abril de 1936, p. 4.

——— "Vida teatral", *El Nacional,* 5 de mayo de 1936, p. 8.

Santana, Joaquín G., "Lorca en Nueva York", *El Día,* 18 de agosto de 1976, p. 20.

Saturno, Claudio, "Reproducen una entrevista a García Lorca que critica a Valle Inclán, Alberti y Azorín", *El Nacional,* 7 de diciembre de 1974, p. 1.

Schneider, Luis Mario, *Obras completas de Antonieta Rivas Mercado,* Editorial Oasis-Secretaría de Educación Pública, 1987, pp. 388, 390, 393, 400, 404-405.

Schomberg, Jean Louis, *Federico García Lorca: el hombre, la obra,* prefacio de Jean Cassou, Cía. General de Ediciones, 1959, 362 pp.

Solana, Rafael, "Mapa de afluentes en la obra poética de Federico García Lorca" [con un dibujo de F. García Lorca], *Letras de México,* núm. 29, 1° de julio de 1938, pp. 5-8.

Sorondo, Xavier, "Federico García Lorca", *Revista de Revistas,* 6 de diciembre de 1936, p. 1.

Torre, Guillermo de, "García Lorca en el recuerdo", *México en la Cultura,* supl. de *Novedades,* 16 de septiembre de 1956, p. 3.

Torres Bodet, Jaime, "Poetas nuevos de España: Jorge Guillén", *Nosotros,* Buenos Aires, núm. LXIII, 1929, pp. 247-250.

——— "Algunos Jóvenes", *Tiempo de arena,* Fondo de Cultura Económica, 1955, pp. 328-334. (Letras Mexicanas, 18.)

——— *La victoria sin alas,* Editorial Porrúa, 1970, p. 141.

——— *El desierto internacional,* Editorial Porrúa, 1971, pp. 141 y 377.

——— *Equinoccio,* Editorial Porrúa, 1974, pp. 24-26.

Tzara, Tristán, "García Lorca en el recuerdo", *México en la Cultura,* supl. de *Novedades,* 16 de septiembre de 1956, p. 3.

Urcelay, Margarita (Edición y estudio de...), *Amor de don Perlimplín con Belisa en su jardín,* Red Editorial Iberoamericana, 1990, 296 pp.

Uribe Echevarría, Juan, "Poesía y teatro de Federico García Lorca", *Universidad,* núm. 19, agosto de 1937, pp. 12-15.

Urquiza, Concepción, *Poesías y prosas,* prólogo del Doctor Gabriel Méndez Plancarte, Guadalajara Jalisco, 2ª edición, Ediciones El Estudiante, 1971, pp. XVI-XVII.

Valbuena Prat, Ángel, "García Lorca en el recuerdo", *México en la Cultura,* supl. de *Novedades,* 16 de septiembre de 1956, p. 3.

Valladares, Raúl, "La poesía" (Octavio Novaro: *Canciones para mujeres*), *Letras de México,* núm. 1, 15 de enero de 1937, p. 2.

———— "Octavio Novaro: *Palomas al oído*", *Letras de México*, núm. 10, 1º de julio de 1937, p. 3.

Vázquez Ocaña, Fernando, *García Lorca. Vida, cántico y muerte*, Editorial Grijalvo, 1957, 394 pp.

Vega, Esteban, "Federico García Lorca", *México en la Cultura*, supl. de *Novedades*, 16 de noviembre de 1956, pp. 1 y 6.

Vela, Arqueles, "Notas, libros y revistas", *Horizonte*, Xalapa, Veracruz, núm. 7, octubre de 1926, p. 45.

Villa, Antonio de la, "El fusilamiento de García Lorca", *Jueves de Excélsior*, 22 de octubre de 1936, p. 10. [Ilustración: García Lorca con jóvenes que integraban la poesía teatral de La Barraca. Además una fotografía de García Lorca.]

Villamil Castillo, Carlos, "Movimiento Cultural de México García Lorca", *Novedades*, 27 de mayo de 1955, p. 5.

———— "Ideas de México. Guión: García Lorca, veinte años después", *El Nacional*, 31 de agosto de 1956, p. 8.

———— "El teatro de García Lorca", *El Nacional*, 2 de febrero de 1959, p. 3.

Vitale, Ida, "El teatro literario de García Lorca", *Excélsior*, 14 de septiembre de 1975, p. 14.

Xirau, Ramón, "Así que pasen cinco años", *Prometeus*, 2ª época, núm. 2, marzo 1952, p. 10.

Zabludovsky, Jacobo, "Luis Rosales narra los últimos días de Federico García Lorca", *Siempre!*, 2 de mayo de 1973, pp. 39-41.

Zalcedo, Carlos, "Poesía. Romance de tierra verde", *Letras de México*, núm. 27, 1º de mayo de 1938, p. 9.

## POEMAS DE LORCA EN REVISTAS
## Y SUPLEMENTOS LITERARIOS

"Dos juegos de luna. Canción", *El Universal Ilustrado*, 3 de diciembre de 1926, p. 57.

"El poema del tío vivo" (con una ilustración de Norah Borges), Horizonte, Xalapa, Veracruz, núm. 9, marzo de 1927, p. 27.

"Herbario", *Universidad*, 10 de noviembre de 1936, p. 15.

"Poemas de García Lorca", *Revista de Revistas,* 6 de diciembre de 1936, pp. 21-30. [Incluye: "Tío vivo" (a José Bergamín), "Camino", "Muerto de amor", "Canción de jinete", "Serenata" (homenaje a Lope de Vega), "Danza" (En el huerto de la petenera), "Puñal", "Encrucijada", "La balada del agua del mar", "Romance de la luna, luna" (a Conchita García Lorca), "Verlaine", "Balada interior", "Pueblo", "Dos muchachas" (a Máximo Quijano), "Soneto", "Baladilla de los tres ríos" (A Salvador Quintero), "Canción del día que se va", "Veleta", "Preciosa y el aire" (a Dámaso Alonso), "San Gabriel", "Romance de la pena negra" (a José Navarro Pardo), "Prendimiento de Antoñito el Camborio en el camino de Sevilla" (a Margarita Xirgu), "Muerte de Antoñito el Camborio" (a José Antonio Rubio Sacristan", "Baile", "Oda al rey de Harlem", "El llanto", "Alba", "Ruina", "La guitarra", "Son" (a D. Fernando Ortiz), "Preludio", "Vals vienes".] [Incluye además el poema de Antonio Machado "Fue en Granada" (a Federico García Lorca).]

"Paisaje con dos tumbas y un perro asirio", *Universidad*, 22 de noviembre de 1937, p. 24.

"Poemas de Federico García Lorca", *Taller*, núm. 1, diciembre de 1938, pp. 33-50. [Contiene: "Pequeño vals vienés", "La suite del agua", "Cuatro baladas amarillas", "La selva de los relojes", "Herbario" (con dibujos de José Moreno Villa, entre ellos un retrato de García Lorca.]

"Grito hacia Roma (Desde la torre del Chrysler Building)", *España Peregrina*, núm. 1, febrero de 1940, pp. 7-8.

"Iglesia abandonada (Balada de la Gran Guerra)", *España peregrina*, núm. 4, mayo de 1940, p. 153.

"Pequeño poema infinito", *México en la Cultura*, supl. de *Novedades*, 3 de junio de 1951, p. 7.

"Cancioncilla sevillana", *México en la Cultura*, supl. de *Novedades*, 18 de noviembre de 1951, p. 8.

"El lagarto está llorando", *México en la Cultura*, supl. de *Novedades*, 18 de noviembre de 1951, p. 8.

"Llanto por Ignacio Sánchez Mejías", *México en la Cultura*, supl. de *Novedades*, 2 de diciembre de 1951, p. 4.

"Coches cerrados llegaban", *México en la Cultura*, supl. de *Novedades*, 14 de abril de 1957, p. 10.

# LIBROS DE LORCA EDITADOS EN MÉXICO

*Oda a Walt Whitman* [dibujo de Manuel Rodríguez Lozano], Alcancía, 1a. edición mundial, 1933, 8 pp.

*Breve antología*, poemas seleccionados y presentados por Juan Marinello, Liga de Escritores y Artistas Revolucionarios, 1936, 44 pp. [La portada trae un grabado-retrato de García Lorca por A. Silva.] Incluye "Remanso, canción final", "Canción", "La balada del agua del mar", "En la muerte de José de Ciria y Escalante", "Canción de jinete", "De otro modo", "Baladilla de los tres ríos", "Romance sonámbulo" (a Gloria Giner y A Fernando de los Ríos), "La casada infiel" (a Lydia Calvesa y a su negrita), "Romance de la pena negra" (a José Navarro Pardo), "Prendimiento de Antoñito el Camborio en el camino de Sevilla" (a Margarita Xirgu), "Muerte de Antoñito el Camborio" (a José Antonio Rubio Sacristán), "Romance de la guerra civil española" (a Juan Guerrero, cónsul general de la poesía), "Martirio de Santa Olalla" (a Rafael Martínez Nadal), "La cogida y la muerte", "Ruina", "Oda a Salvador Dalí" (fragmento), "El llanto", "Oda al Sacramento del Altar" (fragmento) (homenaje a Manuel de Falla), "Mundo", "Nueva York oficina y denuncia", "Oda al Rey de Harlem".

*Romancero gitano. Poema del cante jondo. Llanto por Ignacio Sánchez Mejías*, Pax-México, 1940, 1943, 160 pp.

*Romancero gitano. Poema del cante jondo. Llanto por Ignacio Sánchez Mejías*, Época, 1940, 1943, 160 pp.

*Poeta en Nueva York* [con cuatro dibujos originales], poema de Antonio Machado, pról. de José Bergamín, Editorial Séneca, 1940, 190 pp.

*Antología poética*, pról. por Ismael Edwards, Costa-Amic, 1944, 209 pp.

*Mariana Pineda. Federico García Lorca*, Manuel Altolaguirre, 1945, 167 pp.

*Poemas póstumos. Canciones musicales, Diván del Tamarit,* Ediciones Mexicanas, 1945, 104 pp.

*Yerma* (edición Homenaje con las opiniones escritas expresamente para ella de numerosos críticos), 1952. [Escriben: C. Avecilla, A. de las Bárcenas, J. Carbó, F. Castillo, A. Espina, A. Estivill, S. Gordon, M. Guardia, Félix Herce, A. Icaza, L. Lozano Ga, J. Luna, A.

Magaña Esquivel, A. Mori, F. Mota, C.M. Ortega, A. Perucho, R. Solana, J.L. Tapia.]

*Surtidores*, Patria, 1957, 58 pp.

*Retablillo de don Cristóbal. El paseo de Buster Keaton. Quimera*, Editorial Elio-México, 1959, 44 pp.

*Retablillo de don Cristóbal*, pról. de Antonio Castro Leal, Teatro de Bolsillo, 1967, 30 pp.

*Antología* (poesía, prosa, teatro), ed. de Víctor Alba, Ediciones Costa-Amic, México, 1970, 106 pp.

*Bodas de sangre*, Fernández Editores, 1972, 74 pp.

*La zapatera prodigiosa*, Patria, 1983, 93 pp.

*Mariana Pineda. La zapatera prodigiosa. Así que pasen cinco años. Doña Rosita la soltera. La casa de Bernarda Alba. Primeras canciones. Canciones*, prólogo de Salvador Novo [con un dibujo de Federico García Lorca por José Moreno Villa], Editorial Porrúa, 1973, 251 pp. ("Sepan Cuantos...", 255). Decimocuarta edición, 1995.

*Libro de poemas. Poema del cante jondo. Romancero gitano. Poeta en Nueva York. Odas. Llanto por Sánchez Mejías. Bodas de sangre. Yerma*, pról. de Salvador Novo [con un dibujo de Federico García Lorca por José Moreno Villa], Editorial Porrúa, 1973, 234 pp. ("Sepan Cuantos...", 251). Decimotercera edición, 1997.

*Antología poética*, Selección de Alberto Ramírez, Editores Mexicanos Unidos, 1975, 1979, 1980, 1981, 1983, 94 pp.

*Bodas de sangre,* nota preliminar de Manuel Vivero, 3ª ed., Editores Mexicanos Unidos, 1979, 135 pp.

*Bodas de sangre*: tragedia en tres actos y siete cuadros, 1933; *Yerma*: poema trágico en tres actos y seis cuadros, 1934, Espasa-Calpe, 1981, 214 pp.

*La casa de Bernarda Alba*, 3ª ed., Editores Mexicanos Unidos, 1981, 125 pp.

*La casa de Bernarda Alba. La zapatera prodigiosa*, Espasa-Calpe, 1981, 208 pp.

*Poesías completas,* Editores Mexicanos Unidos, 1981, 1983, 649 pp.

*Poesías*, Editores Mexicanos Unidos, 1981, 100 pp.

*La zapatera prodigiosa*, Nuevomar, 1983, 93 pp.

*Yerma*, Prisma, 1984, 111 pp.

*Doña Rosita la soltera*, Editores Mexicanos Unidos, 1985, 119 pp.

*Bodas de sangre*, Editores Mexicanos Unidos, 1985, 136 pp.

*La casa de Bernarda Alba,* Editores Mexicanos Unidos, 1985, 122 pp.

*Antología poética,*, Aguilar Editor, 285 pp.

*Poesía*, contiene: poesías de *Libro de poemas* y *Canciones 1918-1920* y de *Poemas del cante jondo* (1921), Editores Mexicanos Unidos, 1987, 104 pp.

*Poema del cante jondo. Romancero gitano,* Ed. de Allen Josephs y Juan Caballero, Red Editorial Iberoamericana, 1987, 315 pp.

*El poema del cante jondo*, Fontamara, 1988, 83 pp.

*Amor de don Perlimplín con Belisa en su jardín*, ed. y est. de Margarita Urcelay, Red Editorial Iberoamericana, 1990, 296 pp.

*El público*, Red de Editores Iberoamericanos, 1990, 190 pp.

*Canciones y poemas para niños*, Labor, 1991, 94 pp.

*Romancero gitano*, con un est. prel. de Luis Martínez Coutiño, Losada Océano, 1997, 134 pp. (Biblioteca Clásica y Contemporánea.)

# APÉNDICE

# Poesía

# CANTATA EN LA TUMBA DE FEDERICO GARCÍA LORCA

Alfonso Reyes

Voces: El padre, La madre, La hermana, La novia, Guardia de milicianos. (*Coro*)

*El padre*
Madre de luto, suelta sus coronas.

*La hermana*
La flor de ojeras, la risa de los llanos,
tus azucenas y tus amapolas,
claveles de pudor, jacintos pálidos
y tréboles y fucsias y retamas,
y espliegos y laureles,
y hasta juncos, sarmientos y gavillas,
acres rastrojos, sápida verbena,
menta de ardor y cuasia de amargura;
y vengan estambradas
todas las trenzas de la tierra.
Madre de luto, suelta tus coronas.

*La novia*
Junta y apila en la silvestre tumba
los fragantes limones y naranjas,
túmulo vegetal, cerro de aromas,
la carne cristalina de las uvas,
gusto seco de nueces y castañas,
la granada vinosa,
la sidra vaporosa,
paltas y tunas y piñas de América,
y las anonas y los tamarindos,
y las lanzas del canto mexicano...

*La guardia*
Y el trueno, fruto de la carabina.

97

*El padre*
Madre de luto, suelta tus coronas
sobre la fiel desolación de España,
sacudido rosal, zarza entre lumbres.

*La novia*
Inquieto jardín
que hoy mecen clamores,
ayer castas flores
en olor de abril.

*El padre*
Hoy cóleras negras, llamaradas rojas,
espadas de cardos, banderas de hojas,
jardín; y en las sienes y en el corazón,
tónicos de buena y mala intención.

*La hermana*
Perdida canción
de flauta y rabel.

*La novia*
Mustio girasol,
tronchado clavel.

*La hermana*
Lo lloran los montes,
lo lloran los ríos.

*La novia*
Y los de las otras,
y los ojos míos.

*La madre*
¡Pero tu sangre, tu secreta sangre!
¡Abel, clavel tronchado!
¡Pero tu sangre, tu secreta sangre
que revuelve la tierra y ciega el puente,
colma los surcos y amenaza el vado,
Abel, clavel tronchado!

### El padre

Presente tú donde el vino se cuela,
los crótalos redoblan y las palmas,
mana la voz y la guitarra vuela;
donde la moza cesaraugustana
lanza en palillos de tambor las piernas…

### La hermana

Y las espuelas de Amozoc repican,
las barbas del rebozo de la china
cosquillean el vello de la boca,
y el gaucho zapatea,
el suelo santiguando con las botas.

### El padre

Hoy te lloren los pueblos,
el gitano solemne y el andaluz exacto,
el "maño" terco y bueno como el agua y el pan,
ebrio de luz el lírico huertano,
el catalán de las sagradas cóleras,
el forzudo gallego melancólico,
el dulce, hercúleo vasco,
el recio astur y el castellano santo.

### La novia

El lazador de América y el fiero mexicano.

### La hermana

Matronas con los senos agitados,
vírgenes con las manos compasivas.

### La guardia

Y el trueno, fruto de la carabina

### La madre

¡Pero tu sangre, tu secreta sangre,
Abel, clavel tronchado!

### El padre

Te lloren la garúa y el tornado
el turbio meteoro,

la gota de orvallo,
la pedriza que siega las mazorcas.

*La guardia*
Y el trueno, fruto de la carabina.

*La novia*
Que de noche lo mataron
al caballero,
la gala de Granada
la flor del suelo

*La hermana*
En Fuentevaqueros
nació la gala:
traía cascabeles
entre las alas

*La novia*
Crezcan la mejorana,
la yerbabuena,
dalia y clavel del aire,
flores de América.

*La hermana*
Que de noche lo enterraron
entre cuatro velas,
cuatro ángeles mudos
por centinelas.

*El padre*
Madre de luto, suelta tus coronas
sobre la fiel desolación de España.
Ascuas los ojos, muerte los colmillos,
bufa en fiestas de fango el jabalí de Adonis
mientras en el torrente de picas y caballos
se oye venir el grito de los campeadores:
*"Aprisa cantan los gallos*
*y quieren quebrar los albores"*

*La madre*
¡Pero tu sangre, tu secreta sangre!
¡Pero tu sangre, tu secreta sangre!

*Todos (puños en alto)*
¡Pero tu sangre, tu secreta sangre,
Abel, clavel tronchado,
colma los surcos y amenaza el vado!
¡Aprisa cantan los gallos
y quieren quebrar los albores!

*1937*

# EL ROMANCE DE FEDERICO GARCÍA LORCA

Luis Cardoza y Aragón

Se fue el gitano de farra
con una linda mulata
y una buena guitarra
alegre y averiguando
por qué "La mujer de Antonio
camina así…".

Mujeres en los balcones
y náyades y tritones
cantaban versos de nácar
al poeta de Granada:
—"Ven por aquí, Federico,
a sahumar las naranjas,
las piñas y las guanábanas.
Te exprimiré en un refresco
tardes en flor y canciones,
la música de los sones
y un cante-jondo: el color."
La guitarra está ya encinta
(no se sabe si de aurora,
de algún mulato o alondra)
cantando como una niña,
más esbeltas las caderas
y más redonda la forma,
con una tan dulce voz
¡qué engañará las abejas!
—"Ven por aquí, Federico,
nos pintaremos de negro
toda la cara y el cuerpo,
nos rizaremos el pelo
¡para teñir hasta el sueño!
Hay unos cantos de negros
como las uvas muy viejas:
¡ya la semilla de azúcar
más dulce que los luceros!"

Se fue el gitano de farra
con una linda mulata
alegre y averiguando...
Y a orillas del mar se amaron
y al despertar se encontraron
con el sol en la guitarra.

*1930*

# SOLEDAD DE FEDERICO GARCÍA LORCA

Luis Cardoza y Aragón

Vegetal y marítimo, tu imagen es la espiga,
oro fecundo y voz que no tiene el caballo.
Tu niñez de campana, de misterio y de fuente,
la ternura del lirio desmayado en la sangre.

Fuiste como la miga, sencillo canto mudo.
Llena de sal la herida, tu soledad cantaba
sobre un páramo abierto, desolado y justo,
donde toma la luz su claro rumbo cierto.

Pienso en Lope de Vega y el suave Garcilaso.
En su risa y su llanto, sus sueños y su muerte.
Yo siento que ellos fueron como tú, Federico,
con su sencillo trato y su dolor sagrado.

El diamante no ciñe tu elemental presencia.
Se recuerda de Apolo y se olvida del árbol.
Helada geometría donde la luz se exalta
torturando la piedra, coronada de gloria.

Tierra en flor tu palabra, tierra de fuego y canto.
Nada dejó la huella de un inútil lamento.
Nada. El mundo vano con su noche sin límites
fue la angustiada angustia de un amor perfecto.

Una angustia parada, ternura mineral
manifiesta en el mar, en el color del cielo.
Herido saltas como el rizo en la garlopa,
puro y perpetuo, lleno de mañana y congoja.

Tus pájaros de sangre huyendo desolados
de su raíz amarga, yéndose por tus labios,
por tus pies y tus ansias que en el aire cargaban
la presencia segura, infernal de la nada.

Inmensamente solo. Solo como el ombligo
de tu tierra natal. Solo como el amor
del olvido y el tiempo, del sueño con su erizo,
de tu fiebre de musgo y de planeta oscuro.

¡Ay! tus manos, dos deltas de pasión y agonía
donde todos los frutos ardieron de dulzura.
Qué extraño acento, qué delicada miel ácida
¡y qué amanecida premura de milagro!

Transparente martirio de arenas y luceros,
de árboles del sueño en la luz de los ángeles.
Todo aquello que sufre su destino de vida
no tuvo otro consuelo que tu amor y tu llanto.

Muy cerca de la tierra, muy cerca, hincado en ella,
ya mineral del cielo, memoria prodigiosa
del pedernal primero, veraz, que engendró el fuego,
entre las manos púrpuras de ángeles rebeldes.

¿Qué no fue en ti milagro vivo en tu muerte muerta?
¿La huella de un tránsito y su lento reposo?
¿Incendio de lo eterno, sin fin muerte pequeña
¿Su cruel llama mojada, inacabable y yerta?

La muerte está contigo, grávida de tu amor.
En ella te engendraste, hijo y padre tú mismo.
Y te parió en su noche, virgen y sin dolor,
como una diosa madre amante de su hijo.

¿Más hondamente quién sintió las aguas mansas
del río interminable que se va y no vuelve?
El río de la muerte te corría por dentro,
llegaba hasta tus ojos y saltaba hacia el mundo.

Tu muerte la viviste con pasión meditada,
esbelta y distraída, como el sueño de un río.
¡Paisajes de la muerte, de ceniza sin término,
con su adiós que no acaba y su violeta inmóvil!

Sonrío la tierra en ti. ¡La muerte y su alegría!
Su vino de penumbra, de mar y de amapola.
¡Tu vida y su alegría! lucero de la gracia,
como una eterna piedra con entrañas de niña.

Cante-jondo de Grecia, lealtad de la columna,
pura en su desnudez, cual una llama herida
lentamente asombrada de lenta sombra dura.
Tu destino andaluz plantó nobleza antigua.

Yo sé que en tus manos encontraron abrigo
los barcos naufragados y los sueños inútiles.
Piedad de blancos lienzos ciegos y de hisopos.
Sobre la llaga terca se apagó la estrella.

Yo recuerdo el caballo por la luna enemiga
de par en par abierto, barriendo con entrañas
vidrios y sed de arena, derramando su tibio
y perfumado estiércol, como un dolor de oro.

Recuerdo los altares y sus secretos lagos
de ocultos manantiales. Que bajo de las ropas
de los dioses hay fangos y pústulas divinas
de cielos naufragados y de encendida sangre.

Yo recuerdo el vellón manchado del cordero,
vértice de locura, ¡oh dulce vida amarga!
En la cópula extínguese el último lucero.
Una campana, un pájaro. Yo te recuerdo. ¡El alba!

En tu boca de polvo ya tiembla la simiente.
La luz te conmemora con su ingenua alegría.
Tu lengua, no sé en dónde, una vid y una fuente.
Y por todos los montes el laurel te reclama.

Tierra de luz y olivo, clavel y soledad,
que hoy le soñáis teniéndole en los brazos:
ya no cantan las aves como cantaron siempre,
más dura está la piedra y está más solo el mar.

*1936*

# ROMANCE DE ANGELILLO Y ADELA

Salvador Novo

*a Federico García Lorca*

Ella venía de México
—quietos lagos, altas sierras—,
cruzara mares sonoros
bajo de nubes inciertas:
por las noches encendía
su mirada en las estrellas.
Iba de nostalgia pálida,
iba de nostalgia enferma,
que en su tierra se dejaba
amores para quererla
y en su corazón latía
amarga y sorda la ausencia.
Él se llamaba Angelillo
—ella se llamaba Adela—,
él andaluz y torero
—ella de carne morena—,
él escapó de su casa
por seguir vida torera;
mancebo que huye de España,
mozo que a sus padres deja,
sufre penas y trabajos
y se halla solo en América.
Tenía veintidós años
contados en primaveras.
Porque la Virgen lo quiso,
Adela y Ángel se encuentran
en una ciudad de plata
para sus almas desiertas.
Porque la Virgen dispuso
que se juntaran sus penas
para que de nuevo el mundo
entre sus bocas naciera,

palabra de malagueño
—canción de mujer morena—,
torso grácil, muslos blancos
—boca de sangre sedienta.
Porque la Virgen dispuso
que sus soledades fueran
como dos trémulos ríos
perdidos entre la selva
sobre las rutas del mundo
para juntarse en la arena,
cielo de México oscuro,
tierra de Málaga en fiesta.
¡Ya nunca podrá Angelillo
salir del alma de Adela!

*1933*

# LECTURA DE FEDERICO GARCÍA LORCA

Alfredo Cardona Peña

El niño mágico, el niño verde,
Federico con terminación en Federico,
regresa a mi lectura
con un ramo de azúcares bordados.
Abro su libro como abrir manzanas,
como lavar monedas en el río,
y me quedo con su ronda
de cascabeles,
y con su porción de misterios audibles
donde bailan manolas y navajas
y hay una frente con un ruiseñor.
Vienen las odas pegadas al viento,
sueltas de talle y mojadas de luna,
y sus romances montando caballos.
Y su poesía,
como una ciudad bulliciosa y honrada:
detrás de los sitios honorables
están los lugares nocturnos,
donde las imágenes danzan
una kermesse interminable:
en ellas fue dejando Federico
misterios populares y aromas de las villas.
(Sus coplas tienen anillos verdes,
sus sonetos
acomodan las plumas del pájaro real.)
Ah dolor de Jacinto
pisoteado por un coronel.
¿Dónde te fuiste, niño de los globos,
menta y guitarra, cofre de laureles,
que hacías comedias y versos
como quien pone flores en la mesa,
y te presentabas con tu carpa de feria
electrizando a las personas?
Escondías un poema en una mano,

soplabas y volaba una paloma,
o metías la tarde en un sombrero
del que luego salían caracolas.
(Pablo Neruda me ha contado
todo lo que podías hacer con un pañuelo.)
Era un anís con tormenta,
eras un toronjil iluminado,
y te mataron, Federico Poesía Lorca,
te metieron un alfiler en los ojos,
te cortaron las alas
y te dejaron destrozado en un barranco
para que te comieran los caudillos.
¿Y por qué, Federico?
Porque el rinoceronte no entiende a la alondra,
porque hay militares como un cientopiés,
porque la bruja se come a la virgen,
y un poeta es el agua, y el crimen la sed.
¡Sal, que te vea iniciales de lino
hecho azafrán de tu propia canción!

*1957*

# CANTO POR LA MUERTE DE FEDERICO GARCÍA LORCA

GABRIEL MERCADO RAMÍREZ

En duro naipe de sombras
tropa civil esperaba,
gitano maravilloso
que en romances se ocultaba.
¡La sierpe de las perfidias
suena cascabeles de agua,
y en la legación francesa,
rompe clarín de asonada!

¡Ay, Federico García,
tu sentencia está firmada!
Con engaños te sacaron
mientras la tarde pardeaba.

Florece en canción de hielo
negra traición consumada.

Ocho leones irascibles,
guardias civiles formaban.
¡Ay, qué tristeza destilan
los corazones de España!

Un piquete de civiles
prisionero te llevaban.
Mustias calles palidecen,
con el sudor de tus plantas.
Aire de esqueletos fríos
sueña arquitecturas planas.

La ciudad se va quedando
entre suspiros cortada.

¡Los guardias civiles montan,
en su coche bella carga!

Ágil aire de silencios,
se atraviesa en las gargantas.

Por carreteras de luna
cruje el agua amortajada,
y abre camino estrellado,
entre Padul y Granada.
Los gitanos por el cerro
levantan negras murallas.

Heraldos de media noche
suenan cuernos por el agua,
por la carretera un coche
deja nubes escarlatas,
y pedregales afilan
navajas por la montaña.

Muchos kilómetros fueron,
de espera para las armas.
Ya los guardias te bajaron
blasfemando en tu desgracia.
Claros fanales de luces
sobre tu cuerpo enfocaban,

y en el aire las siluetas
de asesinos se marcaban.
Ocultas voces de fuego,
se hospedaban en las armas.

¡Rojo cielo de fusiles
sangre inocente derrama!

A las ocho de la noche
la muerte ya te esperaba.
Ocho corazones turbios
sobre tu cuerpo dejaban,
ocho cielos de corales
en ocho horizontes malvas.

Tu cuerpo se fue durmiendo
con relámpagos y balas.

En mares de roja angustia,
tu blanco rostro enjugaban
doce pájaros de vidrio
que huyeron por tu mirada.

¡Aves de sangre rutilan
bajo los cielos de España!

Pálidas sombras empiezan
a llegar desde Granada,
mortajas de paño blanco
cien ángeles transportaban.

¡Diez claveles de tu cuerpo
rodaron por la quebrada!
Tempestad de amargas voces,
puebla el aire de venganzas.

¡Ay, Federico García,
tus sienes en las guirnaldas,
y por las frondas morenas
perfiles de la Giralda!

¡Un crepúsculo de sangre
al pueblo en furor desata,
y sombras de duro acero
en la noche se esfumaban!

¡El negro crimen sin nombre
fue cerca de tu Granada!
¡Sangre de justo florece,
sobre los campos de España!

Tu cadáver insepulto
cien zopilotes guardaban,
hombres del pueblo vinieron
a cavarte una morada.
¡Cuántas estrellas gitanas
y andaluces por Granada!

Rojo viento de cuchillos,
a ras de la tierra helada.

¡Gitano de Andalucía,
tu pueblo llora en el alma!

Los gorriones, Federico,
enmudecen por las ramas.
La carretera y el campo,
llevan sangre asesinada.

Caballos de brisa negra,
su negra espuma flotaban.
Negra tempestad de llanto
cercenaba las palabras;
en Andalucía se abren,
azules combas de plata.

¡Ay, pena de tus angustias,
una gitana enjugaba!

¡Cien luceros por la tumba
desfilaban alboradas!

¡Ay, Federico, tu muerte,
levantará nueva España!

*1938*

# EL REGRESO DEL POETA EN NUEVA YORK
## SERIE DE TRES EPISODIOS, DEDICADA A UN MUCHACHO LLAMADO FEDERICO

### HUGO GUTIÉRREZ VEGA

### *Primer episodio*

> *Dedicado a Eugene O'Neil,*
> *Alberti, los pájaros y las*
> *nutrias mártires.*

La hemos recorrido calle por calle,
carcajada por carcajada, agravio por agravio;
hemos visto su luna reflejada,
al lado de los abrigos de piel de nutria,
en los charcos ofensivos que la naturaleza, molesta y desobediente,
coloca, como escupitajos irónicos, a la entrada de los hoteles de
            Park Avenue.
Hemos visto su madrugada:
incontables parpadeos entre la niebla del día que viene con lluvia;
las larguísimas meadas albertianas;
arroyos chisporroteantes en el ruido del Soho de la noche del viernes;
hemos escuchado al ruiseñor de la madrugada del domingo en
            Washington Square
y a los gorriones impertérritos, compartiendo sus migas con los
            humanos, en los prados de Central Park...

Hemos visto todo eso y, sin embargo,
apenas nos hemos asomado a su corazón vertiginoso.
Tal vez Hughie o Hickey
o el rey de Harlem con su cuchara para sacar los ojos de los cocodrilos,
nos señalan, sin palabras ni miradas,
la brecha semioculta que conduce a la cueva
en donde el miedo y la transparencia
son la atmósfera de ese corazón desconocido,
bellísimo
hecho de carne empavorecida y deslumbrada.

117

## Segundo episodio

*En el que se recuerda a José
Juan Tablada y el autor asume
su pertenencia a la generación
de la bomba. Por esta razón,
en el episodio aparecen las
personas que a continuación
se mencionan:
Mr. Truman,
Oppie,
King Kong,
O'Henry,
los elementos
Don Pedro Calderón de la Barca,
las gaviotas
y Busby Berkeley.*

Al final de la Segunda Avenida,
ahí donde Italia y China
—Kublai Kan y Marco Polo—
convergen y alegremente preparan
grandes fuentes de pasta,
me detuve a tomar el aire
y a dispersar dos o tres pensamientos fijos,
instalados, desde hace diez meses,
en el laberinto semidescubierto
por Don Segismundo, fumador de puros,
judío austriaco y bondadosísimo,
aunque no del todo eficiente, hipnotizador.

Nueva York nos entrega lo inevitable.
Aquí, nuestra condición exaltada por la retórica
toma su exacta dimensión y, un buen día,
al voltear una esquina o al tomar el autobús,
descubrimos que nada tiene remedio.
Es entonces cuando nos disponemos
a apurar el trago hasta la última implicación,
a exprimirle las gotas a la tarde
y a jugar el juego de la felicidad en los treintas,

con toda la irresponsable seriedad
de una coreografía de Busby Berkeley.
Nada importan la pantera de la madrugada,
las termitas del mediodía
o el lagarto venenoso escondido debajo de la almohada.
Hay cielo, nubes, "mujeres que pasan por la Quinta Avenida";
Sopay, en la banca del parque, hace planes para el invierno;
las gaviotas del Atlántico vuelan, con absoluta calma,
sobre las torres gemelas
y King Kong ya pagó su boleto para ver lejanías
desde el observatorio del Empire State.
Y como lo que resta es inevitable,
nos bebemos a inmensos tragos el aire,
compuesto de todo lo imaginable e inimaginable,
de esta ciudad redescubierta por Federico,
antes de que el instante de Hiroshima
nos cambiara aire, agua, fuego, tierra, King Kong y las gaviotas.

## Tercer episodio

*Recordando a San Juan de la Cruz,
Alfa y Omega de nuestra poesía;
a Calderón, las palmas del cante
jondo, Juan Gris y los ríos del
mundo.*

Celebrarte, poeta con la luna en los ojos,
cantar tu voz inmensa,
tus múltiples anteojos;
tu forma de estar vivo
y de dar vida
a esas palabras para hacer un mundo
y encomiar los hallazgos de la tierra,
es recordar el ritmo milagroso,
de andaluz neoyorquino o negro de Granada,
con que tus palmas diáfanas
reinventaban la aurora
o describían un río
—Guadalquivir o Hudson—
movible calle ancha, descanso de los ojos.

119

Estás en las ciudades
en donde el miedo intenta
apagar las hogueras
de la humilde alegría
de unos seres que viven
y trabajan y cantan,
para morir un día
dejando, aun sin quererlo,
la huella de sus pasos.
Porque nada se pierde,
porque el viento no borra
y, más bien, multiplica
los ojos y las manos,
los sexos, las caricias
y hasta los torpes gestos
y la violencia absurda
de los seres que actúan
en el vasto escenario
donde el autor nos deja
con el libre albedrío.

Celebrarte es decir,
palabra por palabra,
los versos que salieron
de tus manos sin tregua.

Tú no calificabas.
Dabas el testimonio
de los deslumbramientos
que enciende cada día.

Y por ser deslumbrado,
deslumbrador amante
de las cosas que el viento
te llevaba a los ojos,
queremos apoyar
nuestros pasos sin rumbo
en el muro blanquísimo
donde tu cuerpo late:
un cuerpo de palabras,
de "música callada",

una frágil cintura
para iniciar la danza,
unas manos azules
tocando una guitarra,
unos huesos absortos
bajo el claro de luna.

*1986*

# Reportajes, artículos y ensayos

# LA ESPAÑA NUEVA. FEDERICO GARCÍA LORCA

FEBRONIO ORTEGA

También por una de las orillas del subterráneo río madrileño, que corre por Alcalá con ritmo retardado, hondo, alegre, colorido por los ligeros, reveladores vestidos femeninos, denso e inmóvil de sofocante calor, a veces con breve descanso a los ojos deslumbrados, porque el sol encuentra piedra oscura en los edificios, y, avanzando, conforme la corriente se amplía para rodear la isla de La Cibeles, con heridas rápidas, rectilíneas, cruelmente sagaces para buscarnos débiles pupilas, porque el sol reverbera en blancas, elevadas construcciones. Nuestras mesas tenían ambiente de playa: gente que descansa, mas preparada en todo momento al regreso a la ciudad —y estamos dentro de ella— o al dilatado, marino viaje: Pedro Salinas, Claudio de la Torre, Federico García Lorca, Cipriano Rivas Cherif, Néstor, Gustavo Durán, Manuel Azaña, González Rojo, etc., etc., los que se iban a riberas más cordiales de temperatura, los que nos quedábamos a esperar otoño, invierno. La sala del "Savoia" era la de las despedidas. Claudio de la Torre salió al día siguiente para Vigo, y en Vigo embarcó para las Palmas; Pedro Salinas —poco después— emprendió ruta francesa; García Lorca la de Granada; González Rojo la de Galicia, etc. Pero esa tarde inmóvil, detenida ella misma por el bochorno, y que nosotros queríamos que adelantara presurosa, estábamos ahí, reunidos todos, en pausa. Yo veía, inmediatos: el cuerpo recio, alto, de Pedro Salinas, enfundado estrictamente en su traje negro, con el rostro vivaz, lleno de color; la displicencia —¿desilusión?— de Manuel Azaña, los anteojos encandilados de Claudio de la Torre, la ironía de Rivas Cherif, la malicia de García Lorca, el entusiasmo de Gustavo Durán, músico.

Se habló de toros. Tema incidental. García Lorca —rostro moreno, la mitad del cabello peinado, la otra caída sobre la frente, ojos pequeños y penetrantes— charló con ese ponderativo desbordamiento más veloz que las horas veraniegas, perezosas en alejarse de los campanarios. Estaba junto a mí, un poco echado hacia atrás, para que todos le sirviéramos de horizonte:

—La fiesta taurina —afirmó en catedrático juego— es la más perfecta que ha creado el hombre. Armónica en sus partes, se desarrolla siempre en orden riguroso; principia a la hora exacta, como sucede con una sesión de las Cortes. Se sabe el número de capotazos que deben darse al toro. Por qué lado es mejor veroniquearlo. Y una suerte sigue a la otra sin que nunca a nadie se le haya ocurrido modificar su colocación. Hay toreros, como Belmonte, que crean una emoción sobrehumana. Una corrida está animada de color y alegría. Sólo le son comparables, en solemne liturgia, las procesiones de Toledo y Sevilla.

Le opuse, sacudida de memorias, mi larga experiencia visual:

—¡La danza!

Sonrió. Repuso, serio y mordaz:

—Sí, la danza; pero, ¿acaso el toreo no es un baile, con un elemento más: el trágico?

Intervino Rivas Cherif, describiéndome una tarde de toros en Sevilla. Claudio de la Torre nos observa, oblicuamente, a través de sus anteojos. La conversación se enredó, entre Rivas Cherif, García Lorca, González Rojo, Durán. Atendía yo. Citaban a Paderewski —el Minueto—, Stravinsky, Gaona, Joselito, Belmonte, Granero, Fokino. Nombres disueltos en la sed de la tarde ávida.

Llegando a La Cibeles, el taxi subió por Recoletos y La Castellana. Llegué así, con rapidez, torciendo a la derecha, por una senda muy pina y sombreada de árboles, a la "Residencia de Estudiantes". El mediodía estaba detenido sobre las ramas, en luminoso éxtasis. Ascendí, todavía más. Federico García Lorca me aguardaba. La cordialidad del ambiente se condensó en nuestro saludo, en el paseo por el Jardín de las Adelfas, en el ir

126

y venir por pabellones y laboratorios. Encontrábamos todo sin esa juvenil algazara que, en casas de universitarios, sale al encuentro. Los estudiantes de la "Residencia" se habían esparcido, rumbo del veraneo o de la familiar casa. Sólo quedaban unos, contados. Al entrar nosotros en la Biblioteca, nuestras voces, rodeadas de sol, alborotaron el silencio de las estanterías, prisionero entre volumen y volumen. Mis ojos encontraron las ediciones de los clásicos hechas por la Universidad mexicana. Preside el estudio un retrato de Goethe, sereno. Después, en su habitación —franciscana de simplicidad— García Lorca me mostró dos cuadros pequeños, de Salvador Dalí: "Homenaje a Charlot", uno, y el otro representa a una muchacha cosiendo, en una ventana. Este pintor, gran pintor joven, es uno de los mitos de García Lorca, creador de mitos, según asegura de sí mismo. (Cuando un rumor va entre los escritores, del uno al otro, como balón, se pregunta: ¿Quién lo dijo? Si se aclara que García Lorca, nadie lo cree ya.) Salvador Dalí es callado. El poeta le formó su leyenda, su filosofía, sus frases célebres que repite acomodando a ellas las circunstancias. "Como dice Dalí..." Le ha escrito una "Oda didáctica a Salvador Dalí". El "Homenaje a Charlot" es de una gracia cinemática, unida a multiplicidad de sensaciones y un bello equilibrarse de los colores, mejor: corresponderse, muy justo. La nota política —de ciudad, y, precisando, de barrio— de la joven que cose, encanta por su sencillez, porque el ambiente está creado, construido como el cuerpo de la joven, todo en minucioso deleite de las manos y de los ojos. García Lorca volvía los cuadros a la mejor luz, para que me aparecieran, íntegros, frente a las adelfas en las que el sol complacíase, pormenorizando en el goce; me refirió la visita de Dalí a Picasso, el frío y magnífico malagueño. Acudimos al llamado al almuerzo. Limpias, acogedoras mesas nos recibieron, para una comida frugal. Charlamos, inclinados un poco el uno hacia el otro, para aislarnos en nuestro reducido universo exclusivo, cercano y alejado de los escasos compañeros. Le conté que había oído a "La Niña de los Peines", la cantaora genial, que se me mostró, sobre un escénico fondo, fea y envejecida, niña en el canto, junto a un guitarrista ceñido y cetrino, hábil de manos.

—¿Le gustó? —interrogó, desconfiado. Yo le respondí, todavía con el asombro de aquella voz cansada, próxima al fin, pero aún sublime cuando quiere serlo:

—¡Me maravilló!

El lamento gitano —guardado como el rumor en esos caracoles síntesis de rumores semejantes e infinitos— tornó a mi memoria.

—Es preciso —dijo García Lorca— escucharla varias veces, porque es una intuitiva a la que conviene pedirle: canta esto, y esto otro, pues no sabe lo que le sale bien y lo que no. Es preciso, asimismo, distinguir entre los dos cantos: el cante jondo y el flamenco, distinción hecha por Falla. El cante jondo es lo admirable. El flamenco es decadencia, amaneramiento, chulería.

Se enumeraron las formas del cante jondo, saetas, etc. Aparecieron dos de los grandes andaluces: Falla, Juan Ramón Jiménez, los dos, por esos días, en Granada. (Del otro había de confiarme García Lorca: Ortega, no existe en todas las actividades artísticas españolas nadie comparable, ¡comparable!, a Picasso.) Comentó de las siluetas, trazadas brevemente:

—Son dos niños —añadió—. Yo los he visto, en casa de Falla, improvisar un tabladillo, dar las llamadas con un almírez, cantar, saltar. ¡Unos grandes niños! Usted irá a Granada, y estará con Falla, al que llega la gente del pueblo, para escucharlo…

Concluimos el almuerzo: agua de transparente misterio lo cerró. (¿Dónde la fragancia de los vinos españoles?) Regresamos a la habitación de García Lorca. Preguntó, deseoso de la comodidad del huésped:

—Ortega, ¿tomará usted té o café?

Fiel a mis mexicanas costumbres, pedí café. Salió. Hizo que llevarán el servicio. Él mismo iba a preparar el té, el café. Recorrió la habitación, y, deteniéndose frente a mí:

—Ortega, como a usted le saldrá igual, voy a darle té…

Sonreí. Abierta estaba la ventana por la que mirábamos las adelfas. García Lorca fue confiándose...

—Yo deseo la obra de arte construida, hecha con esqueleto de plata, asentada con firmeza, y de gran aliento. Los versitos no son dignos de poetas. Es necesario hacer la oda, el poema extenso. Soy franco: he escrito unos romances que aspiro a que sean incorporados al *Romancero*. Con esa intención están hechos. Si no lo dijera, no tendría valor. El arte, amigo, es un juego, sí, pero un juego serio...

Colocado con los ojos hacia la ventana, veía a García Lorca accionar, moverse, pero sin agitarse, contenido...

—¿El ultraísmo? No dejó nada, nada. El teatro anda mal en España. Obras cursis, sucias. Tengo *Los títeres de Cachiporra*, *Mariana Pineda*, y otras, que leyó Gregorio Martínez Sierra. Llorando, me abrazó como al renovador del teatro español, para terminar con que no las ponía por miedo al público...

Sonreí. Sonreía García Lorca, divertido. (Catalina Bárcena, Carmen Moragas, Díez-Canedo, etc., confían teatralmente en García Lorca.) Continuaba la lluvia de las palabras:

—...las figuras, "en el pico de una paloma te mando el vivo sol", han pasado. Se quiere una cosa más pura, más poesía...

Se adelantó. Grave. Y:

—Ortega, aunque usted no me lo ha pedido, voy a leerle algunos versos míos. No lo cuente a nuestros amigos, porque murmurarán de que no publique. Creo que a un poeta, antes de hacerle preguntas, deben escuchársele sus poemas.

De su armario blanco, sin barnizar, salieron los papeles blancos, trazados de líneas breves, como de rieles sin concluir —no unen de extremo a extremo la tierra— y sin durmientes. Leyó. Lee con su rostro inspirado, levantado, accionando con la mano derecha. Al fondo, las adelfas...

—Habrá notado, Ortega, que en mis poemas utilizo elementos no empleados antes: el carabinero, el inglés que va a Andalucía, etc. Mi ambición es la de lograr una obra de mi tierra y universal, como Falla en *El amor brujo*... Escuche, este romance del inglés, la gitana y el viento, un viento renovado, hecho mito por mí...

(Al fondo, oscureciéndose, las adelfas.)

Salí de la lectura con pesadumbre de música.

Paseamos.

—Ésta es la Colina de los Chopos...

La ventana nos atraía, por ese colocarnos rostro a la luz, espaldas a la sombra, con imprecisión de matices. Conté historias absurdas de Pancho Villa. Era la gran curiosidad de García Lorca. (A los tres días, Luz Corral, la esposa del guerrillero, era mito para el poeta y sus amigos.) Por una controversia literaria, mencionó a Proust.

—Yo sí creo —opinó— que hay jóvenes que sin haber leído a Proust están influenciados por él: es un caso de atmósfera. Recuerde a D'Annunzio: los muchachos de la época, sin leerlo, lo imitaban en las actitudes, en los gestos, en el proceder.

Los caminitos de la "Residencia" nos llamaban para recorrerlos. Los recorrieron nuestros pasos, con esa manera de contemplación agradecida y profunda a las bellas, doradas flechas arbóreas, al agua del Canalillo, rumorosa, al cielo limpio de Madrid.

Avanzó a despedirme.

El sol —fatigado del día— buscaba un descansar sobre las casas, tendiéndose.

—Adiós, granadino...

(Él está ahora en Granada repitiendo sus romances a las gitanas y a la luna.)

*1936*

# ROMANCERO GITANO

## Bernardo Ortiz de Montellano

Las sabias investigaciones de Menéndez Pidal dirigidas, recientemente, a la reconstrucción y estudio de los característicos romances españoles confirman la noción europea de España como país del romancero en donde la forma poética de arraigo nacional es tan consistente que siendo ya en el pueblo bello y tradicional instrumento, se ha visto enriquecida por la cultura del pasado, perdurando todavía su garbosa influencia en la generación de poetas nuevos y jóvenes de España. Así, hasta en la evasiva poesía de hoy que sólo acepta verse en el espejo de sí misma, sentimos ahondar —ribera que guarda el río— el sentimiento popular expresivo, impar, de la literatura española.

¿Es acaso Federico García Lorca —gitano de los romanos nuevos— un hereje? ¿Hasta qué punto podemos distinguir, en los exactos límites de su poesía, la fe heredada y oscura del creyente y el libre examen, experto de inteligencia, de un espíritu personal?

Góngora, el audaz cordobés explorador de la estética actual, tejió escalas para la evasión del romance de su forma popular dramática, amorosa y narrativa —con las inevitables excepciones— no obstante que en esta forma poética apenas ensayaba ingenio e idioma para las complicaciones de su verdadera poesía, a la que, no pretendemos negarlo, pertenecen los romances. En el poeta cordobés se advierte siempre al inventor dominando el interior impulso ciego y por eso sus romances se alejan, visiblemente, del sentido nada más tradicional. Pero —lo sabemos— Góngora en su tiempo se dedicó ¡con qué fino talento! a la peligrosa, fecunda, actividad de la herejía.

El problema del folklore y del aliento popular en el arte ha renacido en los últimos años, siguiendo para la literatura distintos caminos: uno de fidelidad, apego y perfecciones técnicas; el otro, más orgulloso, inventivo, personal. García Lorca, en el libro que glosamos, marcha con los primeros. Bergamín, con *Enemigo que huye*, podría ser de los últimos.

Mengua y virtud de la poesía —voz de clavel varonil— de García Lorca en *Romancero gitano* es su inserción, inevitable, de raíz en tierra a la espléndida herencia del espíritu español popular cerca de Góngora, menos de lo que quisiéramos alejado de la expresión folklórica.

Dentro de la melodía andaluza que será siempre —de Merimée a Waldo Frank— conquistadora para España, descubre García Lorca el tono particular de sus romances:

> sueño concreto y sin norte
> de madera de guitarra...

inclinados a la sensualidad dramática y el agudo color del gitanismo, veta inconfundible del mármol occidental. En imágenes precisas donde juegan los ojos del poeta con la gracia penetrante de la luz advertimos el inusado, en los romances viejos, rito de la gitanería cuando dibuja el paisaje en los límites de la baraja adivinatoria:

> Una dura luz de naipe
> recorta en el agrio verde
> caballos enfurecidos
> y perfiles de jinetes

o al pasar la estampería de sus retablos —romances de San Miguel, San Rafael y San Gabriel— que tienen la calidad mística, el sensualismo, de algún imaginero convertido:

> Ángeles de largas trenzas
> y corazones de aceite

hasta tocar, en frases de maldición y de conjuro, la imagen trágica:

Sangre resbalada gime
muda canción de serpiente.

Lo anecdótico del romance —"Prendimiento y muerte de Antoñito el Camborio"—, tanto como lo pintoresco, en vestuario de teatro infantil, perduran en el *Romancero* sin intentar a menudo los saltos mortales logrados con la misma fluyente arcilla, en esguince de gracia interior, nacida como la aceituna, a su tiempo, en el libro anterior del mismo poeta: *Canciones*.

Pero si la construcción interna de esta poesía tradicional no rebasa los límites de los romances viejos; si la arquitectura del idioma barajado no alcanza el juego lúcido de Góngora —aunque en la sensualidad imaginativa, por ejemplo, conserve semejanzas—, podemos afirmar que en el aspecto nuevo de las imágenes —trenzadas, desrealizadas— la sensibilidad de García Lorca, tan limitada y profunda geográficamente, resiste, como las monedas antiguas, la impresión del nuevo cuño: el perfil de poeta de su época que se asoma a los corredores del aire:

Barandales de la luna
por donde retumba el agua…

La luz juega al ajedrez
alto de la celosía…

y que sabe jugar a las distancias, en el romance perfecto de "La casada infiel":

un horizonte de perros
ladra muy lejos del río…

y en el de "La Guardia Civil":

133

> El cielo se les antoja
> una vitrina de espuelas.

Como Alberti y algunos de los escritores malagueños de *Litoral*, tiene este poeta, para su fortuna en las letras, la inmanente tradición de la España lírica rendida hoy a Góngora y a Juan Ramón Jiménez en sus dos, señeros, ojos. Dueño, además, de un temperamento más sugestivo y rico que el de sus compañeros ¿intentará la revisión herética de su poesía?

*1928*

# LA PREVISIÓN EN LOS SUEÑOS

## Bernardo Ortiz de Montellano

*27 de septiembre de 1936*

En estos días apareció en los diarios la noticia de la muerte del poeta andaluz Federico García Lorca, fusilado en Granada. No se conocen otros datos, pero nadie puede explicarse el destino final del poeta, alejado de la política y ajeno a la milicia en el conflicto español.

Lorca no estuvo nunca en México. No le conocí. Pero recuerdo que en 1931, cuando trataba de explicarme el mecanismo de mi "Primero Sueño", poema publicado en el mismo año en *Contemporáneos*, siempre pensé que el poeta andaluz que me acompañaba en la jornada era García Lorca. El poema lo dice, en un aparte necesario y descuidado, para provocar rasgueos monótonos:

> (El aroma del clavel
> en aquel aire sonaba
> a monótona tonada
> que ha muchos siglos cuidara
> para, a su medida, hacer
> el tono de la guitarra.)

> —Pero el romero mortal...

En estos versos no figura el nombre de García Lorca, que en el sueño aparecía como el poeta andaluz, pero analizando las líneas que copio puede advertirse que germinaron, como para identificarlo, de un verso del *Romancero gitano*: "Voz de clavel varonil". Con este verso suyo había yo definido la poesía de García Lorca en la nota que escribí sobre sus romances, publicada, también, en *Contemporáneos*, por 1928 o 29. Así, subconscientemente, identifiqué en mi poesía al poeta andaluz de mi sueño con García Lorca.

El sueño, escrito literalmente al despertar, que figura como argumento del poema, dice: "Suben olas de polvo. El poeta andaluz y yo caminamos por la orilla del río del Consulado. En un jacal —caja de juguetes— cubierto por enramadas de flores, descubrimos un velorio indígena: tres niñas, sentadas, giran alrededor de la niña muerta, cantando coplas alusivas a la 'flor del romero' —(causa probable de la muerte de la niña)—. Suena, en la canción, el nombre de López Velarde. Reanímase en mi mano la niña muerta. Crece como una flor o una ciudad, rápidamente. Después vuelve a quedar dormida.

Seguimos caminando. El poeta andaluz repite entre malas palabras, como si tratase de no olvidarlo, un estribillo musical, medida para encargar la fabricación de una guitarra.

Formados, en grupo, aparecen algunos indios. Cada tres hombres conducen una guitarra, larga como remo, compuesta de tres guitarras pintadas de colores y en forma cada una de ataúd. Todos tocan y bailan.

Llega otro grupo de indios congregantes, surianos por el traje, armados, portando estandartes e insignias de flores y, con ellos, tres o cuatro generales montados en caballos enormes (¡enormes caballos de madera!). Mi amigo el poeta andaluz y yo, confundidos y confusos entre los indios, sentimos —ángeles de retablo— el gesto duro, de máscara, con que uno de los generales ordena a sus soldados: ¡fuego!" Y desperté.

La angustia del sueño —lo recuerdo— era la del fusilamiento ordenado con la voz ¡fuego! contra el grupo en donde nos encontrábamos el poeta andaluz y yo. El poema lo dice:

> Acompañan la voz de los jinetes
> oraciones con letra de retablo,
> densas nubes de polvo, que los siguen
> como la sombra de los fusilados.

Cinco años después de escrito el "Sueño" ha muerto fusilado por la inconciencia y la maldad, el gran poeta García Lorca —sombra andaluza que andaba conmigo en el poema— y una vez más confirmo que en los sueños, a veces cargados de videncia y que tantas veces echamos en olvido, se anticipan sucesos por venir.

Gitano el poeta, gitano algún antepasado mío —mi abuelo, andaluz del puerto de Santa María: ojos verdes, tez morena—, ¿por qué no nuestros destinos pueden haber pasado juntos por un sueño?

*1936*

# [FEDERICO GARCÍA LORCA EN] *TIEMPO DE ARENA*

JAIME TORRES BODET

El azar nos reunió en un almuerzo de despedida, ofrecido al poeta del *Romancero gitano*, que iba a partir rumbo a Nueva York. He escrito "el azar" y debí escribir "el seguro azar", pues organizaba aquel homenaje Pedro Salinas. Conocí allí a García Lorca; a Jarnés, que se presentaba como el "convidado de papel" de uno de sus libros [...]

Habríamos podido seguir charlando durante horas. Sin embargo, el banquete empezaba apenas. Los demás comensales retenían ya mi atención. García Lorca en primer lugar, a quien todos tuteaban gozosamente y que dirigía a todos una palabra andaluza, rebosante de simpatía. Demostraba una viva curiosidad por saber lo que le aguardaba (a él, tan gitano y tan curvilíneo) en las calles rectangulares de Nueva York. Y, con plasticidad inimitable, imitaba —para divertir a sus compañeros— las locuciones y los pasos de las figuras más eminentes de la tribuna, el teatro y la cátedra madrileños.

Desde los días felices del *Romancero*, su poesía había ido creciendo, desenvolviéndose y madurando. Mientras los jóvenes de España y de Hispanoamérica se empeñaban en inventar octosílabos heredados de "Antoñito el Camborio" y de "La casada infiel":

> (El almidón de la enagua
> me sonaba en el oído
> como una pieza de seda
> rasgada por diez cuchillos)

Federico se disponía a experiencias más peligrosas —las de sus poemas de Nueva York— y, sobre todo, a empresas más arduas y más humanas: las de la escena.

Es significativo que dos de los escritores mejor dotados de aquel periodo (Giraudoux en París y García Lorca en España) se hayan descubierto merced a una victoria, absolutamente consciente, sobre las dificultades del diálogo teatral. Como *Eglantina* y *Elpenor*, el *Romancero gitano*, por hermoso que nos parezca, marcaba un límite; era el resumen de una biografía poética intensa y breve. Ni Federico ni Giraudoux hubiesen ganado mucho con repetirse. Uno y otro necesitaban el concurso de una aventura técnica, digna de aproximarlos —de manera más decisiva— a las obligaciones y al oficio de "autor". En la prueba, uno y otro vencieron, no porque abandonaran sus métodos de poetas, sino —al contrario— porque enriquecieron la comedia y el drama con la lección de su poesía. Poesía en prosa, como la del profesional de "Adorable Clío"; poesía en verso, como la del creador de la "Oda a Walt Whitman", de "Navidad en el Hudson" y del "Panorama ciego de Nueva York" […]

Mientras le festejábamos, en las vísperas de un viaje a los Estados Unidos, nadie habría aceptado pensar que otro gran poeta —Antonio Machado— tendría que escribir para él estos versos inolvidables:

> Se le vio caminando entre fusiles
> por una calle larga,
> salir al campo frío,
> aún con estrellas de la madrugada.
> Mataron a Federico
> cuando la luz asomaba…

*1955*

140

# FEDERICO GARCÍA LORCA

## ANTONIETA RIVAS MERCADO

Está aquí Maroto a quien sólo por esto le perdono todo. Me presentó a García Lorca, quien está pasando el invierno en Nueva York, en Columbia, escribiendo y conociendo Nueva York. Ya es mi amigo. Un extraño muchacho de andar pesado y suelto, como si le pesaran las piernas de la rodilla abajo —de cara de niño, redonda, rosada, de ojos oscuros, de voz grata. Sencillo de trato, sin llaneza. Hondo, se le siente vivo, preocupado de las mismas preocupaciones nuestras: pureza, Dios. Es niño, pero un niño sin agilidad, el cuerpo como si se le escapara, le pesa. Culto, de añeja cultura espiritual, estudioso, atormentado —sensible. Toda una tarde en que perdimos a Maroto rumbo al centro en el *subway*, anduvimos juntos diciéndonos cosas, pocas, pero reales. Parecen las cosas que se dicen los que se reconocen, las palabras rituales de una comunión profunda. De la gente que está aquí es el único que siento cerca de mí. Su última obra es "Una oda al Sagrado Sacramento". Atormentado de Dios —querría levantar cosecha de inquietudes. Los demás españoles: De los Ríos, que estuvo en México; Onís, jefe del Departamento Hispánico en los Estados Unidos; Dámaso Alonso, Maroto, no me interesan. Agradables y atentos conmigo...

\* \* \*

Ahora comienzo el capítulo de Federico García Lorca. Federico es un angélico —con un sentido de la vida que es el de usted—, es una creatura de Dios con una estupenda, fina, aguda sensibilidad inquietante, de trato fácil, como es fácil el trato con mi Antoñico cuando se entrega, o intratable cuando la gente le

cae mal, así como usted, nada más que no es altanero, sino claridoso como chiquillo malcriado; va sólo a lo que le gusta, directo pero no primitivo —sin más que un paladar y la criba de
su inteligencia—; de una vieja familia andaluza, el padre es ganadero rico —descendiente de una de las familias moras que
fueron de las primeras—, con un agudo buen humor irónico
—discípulo y amigo de Falla, amigo de todo mundo —Jiménez,
Ortega, etétera—, optimista a fuerza de desesperación, porque… [Carta truncada por la falta de la hoja o las hojas de la
continuación.]

* * *

Estoy viviendo una época que en ciertos aspectos me recuerda
aquella primera del *Cacharro*, cuando casi todas las noches íba-
mos por el mundo, pues aquí con Amero de guía (usted no sabe lo bien que se ha portado), con Pancho Agea, Federico
García Lorca, un chico inglés amigo suyo, otro español profe-
sor en Columbia, Ángel del Río, a veces Maroto y yo, nos reu-
nimos y vamos ya a un lado ya a otro. El estudio de Amero es
centro de reunión. Allí nos ha leído Lorca dos de sus cosas de
teatro, estupendas. *Los títeres de Cachiporra* y *Amor de don
Perlimplín con Belisa en su jardín* y *Aleluya erótica*. Allí nos
ha cantado canciones de toda España, en un curioso y delicioso mapa geográfico que le va a uno entregando a través de las
melodías. Nos ha recitado sus romances y las últimas cosas que
está escribiendo […].

Voy a hacer la traducción de los dramas de Lorca al inglés,
pues estoy procurando que se monten este invierno. Sé que como contribución al teatro moderno es lo más importante que se
ha escrito.

*1929*

142

# FEDERICO GARCÍA LORCA
## CINCO RECUERDOS

### LUIS CARDOZA Y ARAGÓN

## I. *IN MEMORIAM* PROBABLE

No sé a dónde dirigirte este recuerdo, acaso este *in memoriam*, por tu improbable muerte. Sé que de todos modos te encuentras en el cielo de Granada. Vivo o muerto. Allí has estado siempre, antes de nacer y después de tu probable término.

Siempre te imagino con tu flora y tu fauna propia, totémica y maravillosa, sin techo y sin murallas, acompañado de espacio, hablando un lenguaje que algunas veces recordó doña Rosita. Tus marineros heridos, tus amigos encontrados en tus poemas, la mujer gorda que vuelve los pulpos del revés, el viejo con la barba llena de mariposas y tu terca, terrible preocupación por la saliva y la sangre, te recuerdan.

¿Cómo hacerte conocer a los que no te conocieron? ¿A los que no te vieron sonreír y reír, decir malas palabras, contar mil historias y leer prodigiosamente tus poemas? ¿Cómo hacerles saber algo de la expresión de tu rostro salpicado de lunares, de tu voz lenta y untada, dormida y tensa? ¿Y cómo hacerles saber que tu poesía era, como en Santa Teresa, lo que ya no cabiendo en el corazón se derramaba? ¿Y cómo hacerles sentir que tu corazón era más ancho, más generoso y más perpetuo aún que tu mejor poesía? Tu muerte para mí siempre improbable, porque vivo eres, serías, serás, una leyenda pura. Fuiste, eres —perdona la indecisión de mis verbos— tan transparente y luminoso, tan dulcemente incandescente, que muchas veces pudimos percibir en La Habana tu esqueleto de ángel.

Los que te conocemos, nos encontramos apurados querien-

143

do decir algo inefable que tú eres. Sufre la memoria no pudiendo restituirte a ti mismo. Y por muy alta que sea tu poesía, veo tu presencia surgir por encima de ella. En tu verso mejor, te mueres un poco. Así en el mejor recuerdo. Y te nos mueres un poco más a los que te conocemos. A los que te conocimos. No quiero decir sino algo de la seducción, de la extraña imantación que ejerces. No puedo recordar tu poesía olvidándome de ti. No puedo recordarte, Federico, olvidándome de tu poesía. La misma gracia, la misma revelación. En ti prevalece, en ti vemos y palpamos esa gracia, esa revelación. Y, siento no sé qué de injusto al pensar así. Porque tu poesía es también tu metafísica y tu cuerpo, tu sangre, tus lágrimas, tus gritos, tus huesos, uñas y cabellos. Tu poesía eres tú, perenne, concreto, duro. Duro, suficientemente duro, para rayar todo tiempo y todo espacio.

Nadie menos poético que tú. Suelo sentir que existen en Federico dos poesías: la oral de quienes lo conocieron y la leída de quienes nunca lo escucharon. Disfruto de ambas cuando lo releo. La primera es otra y superior. Se perderá ineluctablemente. La presencia, el estilo de la escansión del fervor de su voz es irrepetible e intransferible. En vano aspiramos a ello. ¿Acaso Lope leyó con tanta imantación?

Eres sencillo, bueno y cándido. Cándido como un pájaro, como un caballo. No parecías "poeta". Tienes algo de planta, de árbol niño, de verde que te quiero verde. Tanto supiste de poesía por vigilias y por don natural que semejaba ser ingenuo tu juego sabio. Hace pocos días te recordaba, con Juan Marinello, cantando "sones" con los negros, alegre en tu lecho en un hospital de La Habana, con unas maracas y un gran pez de celuloide rojo que navegaba sobre tus pies. O sacándote de los bolsillos unos pedazos de papel llenos de tus ocurrencias, de tus hallazgos, de tus poemas germinando. ¿Y cómo olvidar tu inocencia mineral? Te rememorábamos yendo hacia Batabanó con don Fernando Ortiz. Atravesábamos un valle que nos hacía gritar de lo hermoso, verde y hondo, terriblemente rutilante y cálido. Tú nos hablabas horas y horas de toros, de poesía, de tus amigos toreros, de Ignacio Sánchez Mejías, hoy acaso cerca de ti.

Siempre la vida de una conversación, el silencio mismo se concentraba en torno a ti. Para mí fue sorpresa que un público vasto y diverso demostrara su afán por oírte hablar de poesía. No hablabas de poesía. Nunca nos explicaste lo que tú, menos que nadie, puede explicarse ni explicar. Mostrabas el prodigio con tal naturalidad que tu presencia magnificaba la eficacia. Y se la sentía. El ámbito estaba conmovido como si acabase de marcharse un ángel. Y tú no eras responsable de ello. Acaso ignorabas lo que sucedía. Como hoy ignoras si estás vivo, si estás muerto.

Con la espontaneidad inevitable de un reflejo, así tu poesía en tu cuerpo sabiamente golpeado. Y como a pesar tuyo. Tú no escribías sino lo que ya no soportabas callar más tiempo. Lo que no podías callar. Y, sin embargo, pocos, muy pocos, tan conscientes de la poesía. Tu método era como un delirio. Tu delirio, calculado como un método. "Trabajo como la Invernizzio", nos dijiste alguna vez. Ella decía que ignoraba el rumbo que habría de tomar la novela, la serie interminable que empezaba. En una casa (descripción de la casa), en un salón (descripción del salón), una visita (descripción de los personajes). Repentinamente, un Conde entraba con enorme sobresalto o gimiendo inconsolablemente. Una de las visitantes se desmaya. Nada sabemos. Las cosas, los personajes inventados, van investiéndose de vida propia, inevitable, diferente de la vida. Se ha creado el movimiento. El misterio. Así recuerdo que fueron compuestas algunas escenas de *El público*. Candidez, humildad, confianza absoluta en la poesía.

Pero más que una trama de teatro o de novela, de cuento o de relato, te vi construir así tus poemas guiado por un tacto que sabía pesar lo imponderable, que podía asir lo que muy pocos podían ver, lo que muy pocos eran capaces de imaginar. Objetos y sensaciones, las cosas más humildes y distantes, más desvalidas y malditas, se encontraban relacionadas, ligadas, amándose, reproduciéndose, luminosas y vivas, repentinamente diferentes.

145

Poesía exacta, de perfección geométrica, rica de fervor plástico. Lo inesperado aparecía con inocencia, con seguridad extraordinarias. Poesía gratuita. Lo que me gusta en tu teatro es proyección, continuación de estos momentos en el tiempo de tus óptimos poemas.

Te imagino con las materias oscuras viendo a través de ellas sacándoles luz como nunca lo consiguieron los ciegos golpeando porfiadamente con sus bastones a las sordas piedras. Tú mismo, piedra preciosa en las entrañas de la tierra hecha de huesos del pueblo que tú amas, que amaste y eras todo tú. Cansada esa tierra de estar ciega, te sacó a la vida para que la cantaras. Tú eres, seguirás siendo, esencia, flor de espuma de su sangre que fue tuya, que tuya es para siempre, que en ti encontró de nuevo su olvidada voz.

Eres, Federico, más memoria que fantasía. Memoria hasta de lo que habrá de venir, de tal suerte en ti se siente y se presiente a tu pueblo. Lo más moderno, lo más inaudito e improbable, es en ti tradicional. Como tu futuro. ¿Cómo dejar de ser lo que tú eras tan intensamente, tan apasionadamente? ¿Cómo España podía dejar de ser igual a sí misma, igual a ti mismo?

Vivo, más vivo que nunca, sonreirás leyendo en los jardines de Granada o en su cielo, este fervoroso recuerdo mío. De ti no cabe hablar sin pasión. Todo se llena de calor, de luz, de sonido, de color, al evocarte. Y casi no siento pena si estás muerto. Tú eres lo que no puede morir. Voz nueva, nueva voz antigua y futura. Escribiste romances hace cinco siglos olvidándote de tu nombre, en esas mismas calles de tu Granada.

*1936*


## II. *POETA EN NUEVA YORK*

En la Habana, hace poco más de diez años, escuché varias veces de labios de Federico García Lorca la mayor parte de los poemas de *Poeta en Nueva York*, libro editado por José Bergamín, con tan buen éxito esperado como extraordinario.

José Bergamín escribió un prólogo fervoroso para la obra póstuma de nuestro inmortal amigo. Un prólogo que es un poema, no sólo por su pasión, sino por lo que se crea en quien lo lee: todos sabemos que el poeta no es tanto el inspirado cuanto el inspirador. Al no más abrir el volumen, la imaginación encuentra digna compañía de este libro hecho de contrastes de materias oscuras y luz amontonada.

Hoy que conozco de nuevo aquellos poemas hace diez años escuchados, quiero recordar algo de la impresión que me causaron —que me causaron Federico y los frutos de su estancia en la "bárbara Norteamérica". Él y su poesía fueron felices en La Habana. Se le antojaba una especie de Andalucía con influencias yanquis. Los propios contrastes que encontraba, exuberancia y magnífica sensualidad, lo mantuvieron encendido como si cada día hubiese visto el mar por vez primera. Nueva York se le hacía distante en el recuerdo con la luz definitiva de La Habana; distante con su sangre de pato debajo las multiplicaciones, su río de aceite y su noche llagada por las ventanas de los rascacielos, en donde el gran Rey de Harlem, con una cuchara, golpeaba el trasero de los monos.

En el despacho de Juan Marinello, situado en una vieja calle de La Habana, no muy lejos de la minúscula catedral y su armoniosa plaza de portales, nos reuníamos, una vez por semana, la redacción y los amigos de *1930*, con el pretexto de formar el número siguiente.

Una mañana de abril o mayo de tal año, Juan me avisa por teléfono que la reunión de la tarde sería interesante, porque asistirían a ella Federico García Lorca y Porfirio Barba Jacob. (Barba Jacob llevaba días en La Habana, y asimismo deseaba conocerlo, aunque temía encontrarme con un hombre literario. Varios de sus admiradores de toda especie, delicados talentos o simples compañeros de jaleo, diseminaron —quizá con su posible complacencia— una imagen finisecular de él, cándidamen-

147

te diabólica, con un pueril tufillo a pólvora o azufre. Y claro, Barba Jacob no es esa gárgola pintoresca, sino la angustia de un hombre que en unos cuantos poemas ha sabido expresarla.)

Varias semanas antes, Juan Marinello nos había leído una carta de don Fernando Ortiz, en la cual narraba su encuentro con Federico y los arreglos para que viniese a La Habana a dar una serie de lecturas. Don Fernando anunció la presencia de Federico tal como fue: armoniosa y deslumbradora.

Cuando llegué a la oficina de Marinello estaban ya Federico y Porfirio Barba Jacob charlando con Jorge Mañach, Francisco Ichaso y algún amigo más. Federico, como siempre, centralizó la conversación. Nos hizo reír y nos encantó con su donaire y su talento. Barba Jacob callaba, seguro de que su silencio tenía más valor en aquella conversación. De vez en cuando, con su voz más lenta y ceremoniosa, después de sorber profundamente su cigarrillo nunca apagado, abandonaba algunas palabras cáusticas, cínicas o amargas.

¿Quién que haya conocido a Federico no lo recuerda con emoción? Hombre con ángel, con ángel delicado y triste de la gracia de Andalucía. Un niño, un gran niño sabio de esa sabiduría no aprendida, que por todas partes rezuma su gloria natural con la ignorancia de la flor.

No puedo soportar esas imágenes que de él se han promovido muchas veces. Se ha deseado tornarlo en una especie de vate de ceño adusto y soñoliento, la barba en la mano, o en no sé qué folklórico poeta. Fue un muchacho lleno de congoja y lleno de sonrisa, alumbrado siempre por la luz de mañana.

Su claridad odiaba el aparato tradicional y funambulesco con que la fantasía popular disfraza a menudo a los poetas. Su lozanía y su pujanza no soportaban lo "sublime" y lo que no fuese la desnuda verdad del hombre.

Fue un poeta seguro y orgulloso del destino que le concedió, proporcionado martirio, la voz más ancha de su pueblo. Muchas veces imagino que sintió la altura de su predestinación: voz de ese pueblo al cual supo encarnarlo hasta corporalmente con su propia muerte y con su inmortalidad.

Y limpiémosle de las adherencias de una gitanería literaria que se le ha colgado: el andaluz, de por sí como un término, como una espuma, habíase acendrado en él con sus virtudes y peculiaridades positivas. Yo conmemoro la distinción, la delicadeza de su pensamiento y de su angustia, su amor por el misterio y su pasión por la sangre, la imagen nunca ausente de la muerte, su fecunda sensualidad herida.

Popular se ha dicho de él, y es exacto: su obra ha llegado al pueblo por su aristocracia singular. Por la precisión de su lenguaje. Pocos como él han sido tan conocedores y tan videntes a la vez del milagro poético; pocos han disfrutado de más fiel arraigo en la cultura secular. Nutrido de clásicos y de anónimos trovadores de cancioneros y romanceros, vivo con la vida del pueblo (sin darse cuenta o dándose cabal cuenta de ello y olvidándolo por ser en él tan justo, natural e inevitable), supo alentar vida nueva en ese ímpetu. Federico no nos parece insigne sólo porque penetra triunfante en la cultura española (sus temas, sus escuelas, sus corrientes, sus diversas tradiciones), sino porque también acontece, precisamente, lo contrario: es tal patrimonio el que penetra en Federico, el que lo obliga a abrir otros caminos, a renovarlos y a mostrar, una vez más, la virginidad del mundo.

En España hay tanta poesía en estado de nebulosa, con inmediata capacidad de encarnación, hasta el punto de constituir delicado fundamento del arte. Imbuido de ella, cumplió su aspiración de rescatarla. Y esto mismo nos induce a comprender lo que la obra de García Lorca significa frente al folklore en el campo de la creación pura. No me apasiona como continuador de nadie, así sea de Lope u otros nombres solares; me cautiva por lo que en él hay de distinto. Por lo inalienable.

Se diría que hay quienes se condolecen de que enriquezca y ventile la tradición española. En este libro, el poeta se ha alejado mucho de ella, me dice alguien. Yo le respondo que ello es lo más admirable. Amar la poesía por sí misma; no porque se apoye sobre cimientos tradicionales. En el hecho de acometer sin precedentes, de casi no tenerlos y consumar una presencia extraña, Lorca vive como nunca su poesía de fuego, liberada de la pesantez terrestre.

Unos pocos sabemos —con ello basta— que ni en su *Romancero gitano*, en donde a veces está a punto de llegar a la simple descripción o narración, no presenta la vulnerabilidad peculiar de la incontinencia realista. Esa "naturalidad", esa "facilidad" tan traídas y llevadas, nauseabundas siempre, él las rige con su alquimia, su sabiduría y sus exigencias más preciosas. Su poesía fue flor postrera de un don excelso, de una naturaleza de prodigio servida por capacidad de abstracción y por arrojo inspirado.

La imitación de la poesía de García Lorca es aparente y relativamente fácil. Y a la vez imposible. Fácil decíamos paradójicamente, porque es una poesía definida: ciertos aspectos de su mecánica (romances, sobre todo) los pillan los embusteros; imposible porque su poesía está más allá de tal mecánica, y no cabe reducirla a sistema. Toda poesía es imitable; nunca falsificable.

En el lenguaje de la tradición puso su verbo con acento amargo, el perfil nostálgico de su alma. Un perfil de ceniza de lirio sobre una medalla. La mejor elegancia del mejor folklore la trastrocó y la devolvió cargada de las dos fuerzas lorquianas: su plasticidad y su pasión de amor y de muerte.

Fuimos muy amigos y creo haberle conocido. Ahora que lo veo y lo oigo y lo evoco a través de su obra, pienso qué extraño es no se haya aún escrito sobre la gloria de sus sentidos. ¿No es su poesía una de las más plásticas de la literatura castellana? La forma, el color, las calidades de las cosas, su materia áspera o humillada, desnuda o carcomida, su preocupación por el llanto, la leche, la saliva y la sangre, las ciñe y las alza a su cielo. Su poesía es siempre táctil. En sus poemas oscuros, casi todos los de *Poeta en Nueva York* que "es como una nube que pasa por el pensar y sentir hondo y claro de nuestro poeta, ensombreciendo momentáneamente y apagando en cierta manera su voz viva" —nos dice Bergamín—, su genio plástico dibuja y da corporeidad a cosas que no se habían visto nunca. Y cuando logra tal corporeidad de lo abstracto, cuando logra hacernos tangibles sus preocupaciones metafísicas, asir lo que inasible era hasta entonces, su poesía alcanza su más noble calidad.

Su sensualidad fue en él como una de las presencias de la muerte: lo hacía conocer y amar mejor "el pulso herido que sonda las cosas del otro lado". El amor y la muerte son presencias capitales en su poesía. La pujanza de su sangre crea su ahínco de muerte y de perpetuidad. La muerte, forma extrema del amor. Término de su sensualidad frutal de ángel y caballo, que pone sobre su poesía su jocundo estremecimiento.

*Poeta en Nueva York* está escrito con esa primitiva, brutal y cruda luz: afán de expresar lo más íntimo y confuso, de hacer consciente su inconsciencia más recóndita. Mata en él la "sugestión del vocablo", para ofrecer su dolor "de cauce oculto y madrugada remota". Y si no siempre encontramos el limpio diamante geométrico en este libro, hasta parecer que "apaga en cierta manera su voz viva", vemos que abandona lo tradicional en él: crea un mundo nuevo para su Nuevo Mundo, bajo el signo amado del peligro, de la ansiedad de comprometerse. Todo este mundo en cuarta dimensión, que suele estar en potencia y otras veces vivo y presente, me fascina más que sus *Canciones*, el *Romancero gitano* o el *Poema del cante jondo*, aun cuando en ellos se revele el milagro de su voz. Prefiero sus poemas desolados, con luz taciturna que alumbra su gravedad de la muerte: la desnudez de esta poesía con paisajes geológicos de periodos anteriores al hombre posee preclara belleza. Su luz es la luz de la fétida noche del sepulcro. Luz del sol negro de las metamorfosis.

En *Poeta en Nueva York* los ojos tienen que aprender a gozar las cosas en un ámbito desconocido. Misterio de la gran ciudad y misterio de la poesía. Misterioso y poético homenaje. Homenaje a la poesía: contacto con ella, órfico y virginal, abriéndose camino por donde no había pasado nunca. Muchas veces hallamos en este libro, en forma fragmentaria, algo de lo más ambicioso de la creación lorquiana; asimismo algunos de los momentos de su plenitud. Más tarde, tornando a senderos más estudiados, acaso más tradicionales en él, nos dio algunos de sus más conspicuos poemas, de extraña plasticidad y luz oscura. Entre ellos sobresale "Llanto por Ignacio Sánchez Mejías".

Una tarde, a mediados de junio de 1930, nos encontramos en los muelles de La Habana. Ambos partíamos pocos minutos después: Federico, acompañado de Adolfo Salazar, tornaba a Nueva York; yo, rumbo a México, camino de Nueva York, también. La noche antes, nuestros amigos nos despidieron con una cena inolvidable. Federico pronunció, con aire de tribuno, una alocución patriótica con todos los lugares comunes acostumbrados para caso semejante en la Isla. ¡Había que oírlo! Nos abrazamos en el puerto, y no lo volví a ver más.

*1940*


### III. En La Habana

*Poeta en Nueva York* ha sido impreso muchas veces. La primera en México, por José Bergamín (1940). García Lorca escribió estos poemas en Nueva York, en 1929-1930. En la Universidad de Columbia.

La novela de la edición Lumen es la prosa inédita escrita con la tensión de su nueva poesía. La dio a conocer en España en una conferencia, a su retorno de Nueva York. Más que una conferencia fue lectura de poemas y comentarios. En ella no dio a conocer todo el libro futuro. La editorial lo publica de acuerdo con el orden de la conferencia: coincide, casi exactamente, con el seguido en impresiones sucesivas de *Poeta en Nueva York*.

Nos aclaran que sólo en dos casos se altera este orden. Los versos que leyó van de tipo de letra mayor y los que no leyó en tipo algo menor.

La edición de José Bergamín, en 1940 (Editorial Séneca), incluye el poema de Antonio Machado y un prólogo de Bergamín. Faltan algunos poemas en tal edición ilustrada con cuatro dibujos originales, uno de los cuales es mío. En ella leemos esta nota: "El original que conservamos como una reliquia de este libro, *Poeta en Nueva York*, lo dejó Federico García Lorca en manos de su amigo José Bergamín para las ediciones del Árbol que inició en España la revista *Cruz y Raya*. El poeta tenía especial empeño en que la edición primera de este libro fuese hecha según el gusto del director de las ediciones españolas del Árbol, a quien igualmente había entregado la edición de todo su teatro y la promesa de sus poesías completas. Se había iniciado en España estas publicaciones de Federico García Lorca con el 'Llanto por Ignacio Sánchez Mejías' y el primer volumen del teatro: *Bodas de sangre*".

El tono iracundo y desgarrado, la forma libérrima aparecida por primera vez en su poesía, todo ello inducido, impuesto por la realidad de Nueva York, desasosiega a José Bergamín. A mí me parece que en este libro hay no pocos de sus mejores poemas.

Dice Bergamín: "Las palabras no tienen en este libro fronterizo, entreverado de mortales angustias, el mismo valor claro, neto, preciso, de sus mejores poemas. Un estremecimiento raro los mueve con gesticulación distinta, con vagos ademanes de fantasmas. Nos sorprenden e inquietan. Se diría que el poeta se traduce a sí mismo en un lenguaje extraño, desconocido por él". También: "...es como una nube que pasa por el pensar y el sentir, hondo y claro, de nuestro poeta; por los encendidos cielos y suelos de su poesía, ensombreciéndolos momentáneamente y apagando, en cierta manera, su voz viva. Como el sueño en que según el profeta nos habla del espíritu; como *nube sin agua* según la misma expresión de la profecía. Por eso, es este libro algo aparte y extraño a los otros, un raro paréntesis de sombra. Al cerrarlo, de vuelta a España, a su Granada, el poeta se encontró de nuevo, mejor que nunca; y fue entonces cuando su obra poética alcanzó la madurez y plenitud que conocemos, para llegar a formas decisivas, lo mismo en su teatro que en sus poemas".

El vuelco brusco y total que le causó Nueva York está en los poemas. El comentario del propio García Lorca lo repite obstinadamente en varios tonos: "Los dos elementos que el viajero capta en la gran ciudad son: arquitectura extrahumana y ritmo furioso. Geometría y angustia. En una primera ojeada, el ritmo puede parecer alegría, pero cuando se observa el mecanismo de la vida social y la esclavitud dolorosa de hombre y máquina juntos, se comprende aquella trágica angustia vacía que hace perdonable por evasión hasta el crimen y el bandidaje.

"Y sin embargo, lo verdaderamente salvaje y frenético no es Harlem. Hay vaho humano, gritos infantiles, y hay hogares y hay hierbas y dolor que tiene consuelo y herida que tiene dulce vendaje.

"Lo impresionante, por frío, por cruel, es Wall Street. Llega el oro en ríos de todas partes de la Tierra y la muerte llega con él. En ningún sitio se siente como allí la ausencia del espíritu; manadas de hombres que no pueden pasar del tres y manadas de hombres que no pueden pasar del seis, desprecio de la ciencia pura y valor demoniaco del presente.

"Y lo terrible es que toda la multitud que lo llena cree que el mundo será siempre igual y que su deber consiste en mover aquella gran máquina noche y día y siempre.

"Yo tuve la suerte de ver por mis ojos el último *crack* en que se perdieron varios billones de dólares, un verdadero tumulto de dinero muerto que se precipitaba al mar, y jamás, entre varios suicidas, gentes histéricas y grupos de desmayados, he sentido la impresión de muerte real, la muerte sin esperanza, la muerte que es podredumbre y nada más, como en aquel instante, porque era un espectáculo terrible pero sin grandeza. Y yo que soy de un país donde, como dice el gran poeta Unamuno 'sube por la noche la tierra al cielo', sentía como una ansia divina de bombardear todo aquel desfile de sombra por donde las ambulancias se llevaban a los suicidas con las manos llenas de anillos".

El penúltimo poema de *Poeta en Nueva York*, es "Pequeño poema infinito". Figura en *Obras completas*, editadas por Aguilar, y en *Cartas a sus amigos* (Ediciones Cobalto, Barcelona, 1950). De ese poema hay dos versiones, recogidas ambas por Ediciones Cobalto. Aguilar ignora la otra. Es muy desconocida. Dice así:

### PEQUEÑA CANCIÓN CHINA

*a Luis Cardoza y Aragón*

Equivocar el camino es llegar a la nieve
y llegar a la nieve
es pacer durante veinte siglos las hierbas de los cementerios.

La mujer no teme la luz
la mujer mata dos gallos en un segundo.
La luz no teme a los gallos
y los gallos no saben cantar sobre la nieve.

Pero si la nieve se equivoca de corazón
puede llegar el viento Austro
y como el viento no hace caso de los dedos
tendremos que pacer otra vez las hierbas de los cementerios.

Yo vi dos espigas de cera
que enterraban un ojo de caballo
y vi dos niños locos que llamaban llorando las puertecitas de
            una casa.

Pero el dos no ha sido nunca un número
porque es una angustia y su sombra,

porque es la mandolina donde el amor desespera
porque es la demostración de otro infinito que no es suyo
y es las cuatro murallas finales del muerto
y es el castigo de la nueva resurrección sin finales perfectos.

Los muertos odian el número dos
pero el número dos adormece a las mujeres
y como la mujer no teme la luz
la luz no teme a los gallos
y los gallos no saben cantar
tendremos que pacer siempre las hierbas de los cementerios.

\* \* \*

Para decir lo que es Nueva York crea la forma que requiere. Una forma fúlgida, armoniosa, directa y de tensión alucinante. Lo fundamental no es sólo el rompimiento con los medios tradicionales y sus sistemas de versificar, sino la sorprendente invención metafórica, para dar su angustia y su perplejidad en un mundo ajeno y nuevo para él. Un mundo que lo sobrecogía y lo colmaba de horror y lo cautivaba al mismo tiempo. La conjugación de asociaciones y correspondencias inauditas corre por el libro, como un gemido.

Los ejemplos serían innumerables si quisiésemos destacar las invenciones metafóricas que se alejaron con tanta decisión de sus estructuras acostumbradas y de la poesía más innovadora en esos años. La visión y el acento de sus libros anteriores no le servían para nada. Precisaba penetrar en el meollo de una cultura que lo atraía por opuesta y como tal reclamaba crear nueva palabra de totalidad distinta. Con voluptuosa violencia vivía otra cosa. Lo sintió aguda y desoladamente ("¡oh salvaje Norteamérica!, ¡oh impúdica!, ¡oh, salvaje, tendida en la frontera de la nieve!"). Este desgarramiento es *Poeta en Nueva York*.

Antes, en la "Oda al Santísimo Sacramento del altar", había recurrido a un lenguaje inmediato, a impresiones de una realidad cotidiana y elemental, para infundirnos su emoción mística. Fue una proeza. Ahora, en Nueva York, se propuso forjar una poesía con elementos íntegramente distantes de su España. Un Nueva York por dentro: "No os voy a decir qué es Nueva York *por fuera*, porque justamente con Moscú son las ciudades antagónicas sobre las cuales se vierte ahora un río de libros descriptivos, ni voy a narrar un viaje, pero sí mi reacción lírica, con toda sinceridad y sencillez. Sinceridad y sencillez dificilísimas a los intelectuales, pero fáciles al poeta; para venir aquí he vencido ya mi pudor poético".

"La impresión de que aquel inmenso mundo no tiene raíz os capta a los pocos días de llegar y comprenderéis de manera perfecta cómo el vidente Edgar Poe tuvo que abrazarse a lo misterioso y al hervor cordial de la embriaguez en aquel mundo. Yo solo y errante evocaba mi infancia de esta manera", y leemos en seguida sus "Poemas de la soledad en Columbia University".

Los negros le causan una conmoción que se palpa en "Oda al Rey de Harlem". En el texto-comentario de la lectura de estas poesías leemos: "En Nueva York se dan cita las razas de toda la Tierra, pero chinos, armenios, rusos, alemanes, siguen siendo extranjeros. Todos, menos los negros. Es indudable que ellos ejercen enorme influencia en Norteamérica y pese a quien pese son lo más espiritual y delicado de aquel mundo. Porque creen, porque esperan, porque cantan y porque tienen una exquisita pureza religiosa que los salva de todos sus peligrosos afanes actuales.

..."Lo que yo miraba, paseaba y soñaba era el gran barrio negro de Harlem, la ciudad negra más importante del mundo, donde lo lúbrico tiene un acento de inconsciencia que lo hace perturbador y religioso. Barrio de casas rojizas lleno de pianolas y radios y cines, pero con una característica típica de la raza que es el *recelo*. Puertas entornadas, niños de pórfido que temen a las gentes de Park Avenue, fonógrafos que interrumpen de manera brusca su canto. Espera de los enemigos que pueden llegar por East River y señalar de modo exacto el sitio en donde duermen los ídolos. Yo quería hacer el poema de la raza negra en Norteamérica y subrayar el dolor que tienen los negros de ser negros, en un mundo contrario; esclavos de todos los inventos del hombre blanco y de todas sus máquinas, con el perpetuo susto de que se les olvide encender la estufa de gas o guiar el automóvil o abrocharse el cuello almidonado, o de clavarse el tenedor en un ojo."

Es el mundo del capitalismo, el de la bolsa de valores, el de la máquina, violento y exasperado, el que está presente en todos los poemas, con su inmensa soledad, con su apetito inmenso de ternura. La multitud lo compromete a inventar su lenguaje, y nos dice a propósito de Coney Island y su millón y medio de visitantes de los domingos: "Nadie puede darse idea de la soledad que siente allí un español, y más todavía si es hombre del sur. Porque si te caes, serás atropellado, y si resbalas al agua, arrojarán sobre ti los papeles de las meriendas. El tropel de esta terrible multitud llena todo el domingo de Nueva York golpeando los pavimentos huecos con un ritmo de tropel de caballo". Y nacen los poemas: "Paisajes de la multitud que vomita —anochecer de Coney Island" y "Paisaje de la multitud que orina— nocturno de Battery Place".

Llega el verano. El campo le distrae un poco de Nueva York. Una niña que conoce se ahoga y recuerda a otra niña ahogada en un aljibe de Granada. Un verso de Garcilaso ("Nuestro ganado pace, el viento espira") lo encamina hacia el "Poema doble del Lago Edem". Vuelve a la gran ciudad: "Después... otra vez el ritmo frenético de Nueva York. Pero ya no me sorprende, conozco el mecanismo de las calles, hablo con las gentes, penetro un poco más en la vida social y la denuncio".

Simplemente, con los nombres de los poemas nos quemamos en un estupor y en su congoja. La parte IX se titula: "Huida de Nueva York. Dos valses hacia la civilización", "Pequeño vals vienés" y "Vals en las ramas". Pasado el verano del 29, y el invierno siguiente, en los últimos días de marzo o abril de 1930, conoce Cuba: "Pero el barco se aleja y comienzan, a llegar, palma y canela, los perfumes de la América con raíces, la América de Dios, la América española".

"¿Pero, qué es esto? ¿Otra vez España? ¿Otra vez la Andalucía mundial?

"Es el amarillo de Cádiz con un grado más, el rosa de Sevilla tirando a carmín y el verde de Granada con una leve fosforescencia de pez.

"La Habana surge entre cañaverales y ruidos de maracas, cornetas divinas y marimbos. Y en el puerto ¿quién sale a recibirme? Sale la morena Trinidad de mi niñez, aquella que se paseaba por el muelle de La Habana.

"Y salen los negros con los ritmos que yo descubro típicos del gran pueblo andaluz, negritos sin drama que ponen los ojos en blanco y dicen nosotros 'somos latinos'."

En La Habana ("Peces voladores tejen húmedas guirnaldas y el cielo, como la terrible mujerona azul de Picasso, corre con los brazos abiertos a lo largo del mar") escribe su "Son de negros en Cuba". Lo dedica a don Fernando Ortiz. Encontró de nuevo un mundo humano y amigo, que establecía contraste cordial con el áspero y triste de Nueva York.

*1977*

## IV. La Palabra Danzante

Al conocer a Federico me pareció un estudiante de barba cerrada, rostro sonriente de lunares, irradiando alegría como un planeta que ejerciese sobre el ambiente cercano y el que creó en la memoria de quienes vivieron la felicidad de tratarlo, una fuerza gravitacional de la gracia más leve y profunda. Porque en García Lorca fue reiterado el juicio de verlo en lo aparentemente somero de su brisa, sin saber que ésta se había estremecido en las entrañas de los cipreses de los cementerios. Cuando cundieron sus romances por el mundo y las recitadoras los bailaban creyendo que eran mozuelas o las toreaban con El Camborio, ignoraron que en él nada existió de la manoseada gitanería de siempre. Ahondó en la

159

España cuya nocturna voz se aferraba en la de Séneca y Manrique. En los sonidos negros del anónimo cantaor del Albaicín.

Fue angélicamente oral, hombre de presencia escénica. Hombre que creaba su espacio. Modelaba a su auditorio. Se lo echaba en el bolsillo con su poesía de niebla y de basalto. Leía lo que trabajaba; la lectura a sus amigos quizá fue parte de ello. Intuyo que así reparaba en filos diminutos a suprimir, en los efectos que producía y en los vacuos, por inexactitud y por palabras perdidas. Corregía con el oído y con su asombrosa facultad combinatoria. Cobraba adustez su voz ceceada y el ademán sucinto. Aquel hombre nos sacaba del mundo. Nos hacía vivir sin tiempo, en levitación.

Recuerdo cómo festejaba con sus conferencias. Surgía pronto la magia. Lo supuesto incongruente de algunos párrafos cobraba solidez sonora y relación cabal. Nada en ellos de baldío. Creaba un clima de armonía, de euforia y de fraternidad. Le oí cuando en La Habana nos maravilló con "Las nanas infantiles". La noche anterior cenó con amigos y luego nos desvelamos en mi departamento hasta la madrugada. Bebió ron muy moderadamente. Fue sobrio. Le sobraba su espontánea jocundidad. De sus bolsillos extraía poemas nacientes o terminados. Leía con suaves inflexiones. Charlaba. Magnífico evocando. Las horas no pasaban. Asistí fatigado a su espectáculo. Había dormido poco. Tuve temor de que Federico no brillara como sabía. El teatro lleno. Iba del piano al centro del escenario; de nuevo al piano a cantar, con desenvoltura y ligereza. Como si la trasnochada le hubiese otorgado seguridad y energía. Fue una de sus lecturas más admirables.

Musical siempre, juglar de cascabeles sin énfasis y de significaciones umbrosas o cenitales, arrollaba con su naturaleza toda simpatía y comunión, toda esbeltez y transparencia. Su risa era una muchacha desnuda. Solía paladear las sílabas. Cantarlas, salivarlas, para intimar mejor con la belleza corporal de los vocablos. Su posibilidad de sonido y de sentido, más allá de la evidencia inmediata. Plástico siempre, con dibujo y matizaciones sutiles de concreta geometría, palpables en su oscura materia, en su horizonte más cumplido a cada paso que avanzamos.

Lo he rememorado por motivos varios, de cuando le conocí hasta hoy que torno al ser lúcido y auroral, a quien tuve el privilegio de oírlo muchas veces. Al leer se transformaba y me transformaba. De cierta tosquedad de su rostro y de su cuerpo se desprendía la hermosura de la efusión creadora. Subyugaba con sencillez. Era naturalmente genial en su charla de niño. Siendo, solamente siendo. Le oigo cantar. Le veo con sus lápices de colores despertando a sus fantasías. Con los años, mi recuerdo se ha acendrado. Es una conjugación de silencios y de exactitudes. Se me desvanece su pasada presencia minuciosa. Y se va aferrando la de Federico fabuloso. Fabuloso de temeraria sabiduría de todo lo nocturno del hombre.

Difícil hablar de él con la llaneza y el pasmo que merece. Era un manzano de sombra buena. Entusiasmaba a la vida optimista con alegría rotunda. No quiero decir cómo siento su poesía; he querido decir cómo ésta palpitaba en él, respiraba, circulaba, transpiraba, imantaba, germinaba, vivía y resucitaba en él y en nosotros; cómo multiplicaba su pan y su vino. Cómo sonriendo lo repartía, generoso y ecuánime. Qué antigüedad, qué fervor, qué refinamiento, qué zafiro, qué nube, qué suculenta sensualidad y furiosa ternura tremolaba cuando leía o cantaba.

Al decir sus poemas éstos eran superiores y distintos de cuando los leemos. Y él era superior a sí mismo cuando los leía. Sí, entonces, era un bonzo azafrán o celeste. Un bonzo de todas las creencias y de ninguna. Un bonzo empapado de luz, ardiendo en sí y de sí, vuelto hoguera. Muchas veces presencié el sacrificio ritual. Y embebido de lo alcanzado y más de lo no alcanzado, su fuego era el mismo si leía para muchos o cuando fue bonzo para mí solo. En verdad, no había alguien. Estábamos todos. Fuera del tiempo. Con la Palabra Danzante.

*1977*

161

# V. San Mauricio

"¿Por qué no hay muchachos?" Me preguntó Federico, y agregó: "Destacarían como el *San Mauricio* de El Escorial".

Estábamos en el gran salón de un burdel de La Habana. Los muros cubiertos de espejos formaban una superficie unida que lo volvía acuario y multiplicaba el espacio encendido de muchachas de antracita apenas cubiertas o desnudas.

Era la nave mayor del templo. Hermosa como la Capilla Sixtina. Como la Gran Galería de Louvre. El calor se acrecentaba por la aglomeración. Las sacerdotisas y los fieles se contaban por decenas en aquel empíreo popular. Negras y mulatas configuraban frisos al azar, muy distantes de la gélida geometría clásica. ¿Cuántas hermosas putas había en el salón? A pesar del bullicio, todo era reposado y no se percibía vulgaridad. Exposición como de flores y viandas en el mercado. Su desparpajo reincidía en confirmar la certidumbre paradisiaca de que no se habían vestido nunca. Qué omnímodo abandono, qué espontaneidad vegetal. Los cruces raciales, sobre todo el de negras con chino, producían adolescentes o muchachas de primor aún no pintado. Cuerpos astringentes y elásticos, firmes de lozanía y destreza.

Museo vivo y en movimiento. Museo imaginario y real, con sus voces de timbre peculiar, sus risas netas, su suelta gracia animal. Se veían panteras de azabache, gacelas mulatas, antílopes y garzas etíopes de un partenón tejido por la fantasía de una Penélope no por ello sáfica, sino sorprendida de la elegancia, de la esbeltez y del porte de la mocedad disponible en el mercado de esclavos. Nada de canéforas, de escultura griega o romana, de bacantes de historia rutinaria. Sólo había abejas diligentes. Otras eran las proporciones, la prontitud de los movimientos y los ademanes desembarazados de la fauna sabia. Una música sólida, el canto de los negros con anatomía, con hambre, con callos en las manos, sudorosos, con un relente de cuerpo recién vendimiado y pulido con sol, jabón y brisa marinera. Aquellos cuerpos laboriosos seguían vírgenes e invictos como la selva. Qué bella forma de pronto junta, natural y cándida, exhibida para el ejercicio despreocupado de remotos ritos elementales. Qué cónclave distante de la plétora rosicler de las rubias turgencias de Rubens o de *La muerte de Sardanápalo*. Unas cuantas españolas, criollas o francesas, semejaban de margarina, y no obstante la beldad de ciertas morbideces, en la soberbia jungla de ébano, derrotadas, feas y desprovistas se veían todas.

Los cuerpos cimbreantes humillaban a las blondas eruditas con sólo andar distraídos. Sus altos senos menudos, sus cinturas de clepsidra, sus largas piernas paulatinas, azules de tan negras, lebreles lánguidos de nalguitas pavonadas, de terso cuello redondo, sobre el cual se yergue la azarosa cabeza, los habíamos adivinado en la noche en los portales, por sus fundas ceñidas, surtas en ellas como espadas. Mulatitas haciendo la calle para almibarar un desmerecido necesitado, más desnudas que desnudas por el estrépito de la ropa, tirante piel fosforescente. También efebos, como estas endecasilábicas muchachas de cuerpos de efebos, en busca de amante de su delicadeza generosa y terrible.

Después de conocer La Habana colonial, de bañarse en el mar y complacerse con las guanábanas, los mangos, los cocos en sus varias preparaciones, de ceñir el férvido Caribe en sus glaucos y mariscos, la vida inmediata, ofrecida desbocada a los sentidos, es la calle, los salones de helados y refrescos, la luz esdrújula, los bares. En ellos cunde el aroma sexual de la resaca, del oleaje contra el Malecón. Frutos de mar, de sol, de valles vehementes. Mientras tanto, en los balancines se abanican las más negras y las más blancas, las mulatas más lindas, y deleita la bocanada del habano, eco canicular de palmeras y de cañaverales. El calor induce al canto aun de noche a las cigarras. Las miradas sollozan y dicen más que Kayam o Anacreonte.

163

Asombrados veíamos este delirio mahometano. Las muchachas negras o mulatas no son opulentas. Son de firme pulpa nocturna, ácida y dulce, como el tamarindo o un remordimiento. Están pletóricas de los ritmos y de los cantos desgarrados de bengalas ñáñigas y de las réplicas jugosas de los bongós y del simétrico golpe enjuto de la clave. La Habana de entonces o quizá la de ahora es la misma imagino en el rotundo esplendor de sus días desollados. Aquella hermosura y molicie no ha desleído su naturaleza, sino la ha transformado totalmente en nuevas vivencias. La Habana es La Habana, con su larguísima cauda rumbera de los carnavales, los sones y el trabajo de los campesinos de la zafra, de los pescadores, de los médicos y maestros de los miles de obreros en fábricas y talleres.

No lejos de nosotros, en semicírculo, bailarinas en reposo, sentadas en sillas de mimbre, una niña desnuda, mientras conversa enfrente, abstraída se entreabre el sexo con el índice. En el túnel azul de los lisos muslos de acero sonríen las fauces de una piraña, quizá mostrándonos la delicia de las humedades recónditas en el vértice de astracán recio, corto y rizado en mínimos resortes de zafiro oscuro. Un muchachote de caderas angostas, iguales a las de ella, la conduce de la mano: ágiles y tranquilos van, como la mejor filosofía o versos de Garcilaso, hacia el edén momentáneo. Parecía un San Cristóbal cuando, después de algunos pasos, la sentó en el hombro. "Se la llevó San Mauricio", me dice Lorca. Había permanecido inmóvil, perplejo de tanta suntuosidad animal.

El Metropolitan desaparecía en el vaivén casual de las negras mongólicas ojiverdes o zarcas. Era un pedante Tizano, Goya y las majas, Manet y Modigliani. Los renacentistas ignoraron esta rápida anatomía babélica. A la visita no nos instigaba, acaso desgraciadamente, apremio de consumición. Nos arrebataba el tranquilo espectáculo, puro en su ímpetu primario y en su realidad más contigua de olimpo plebeyo, de parque mitológico caído quién sabe de dónde.

No, no las glorifico; sé muy bien que son putitas simples y comunes. Tal condición es aquí lo extraordinario, sin escenografías y sin trucos. Ningún ropaje las defiende, obreras de la miseria, enaltecidas sólo por su desnudez. La verdad se realza en las formas, fatal para la millonaria disminuida por la sirvienta en el baño de mar. Aquí están sobre una peana de aire y certidumbre, en vilo por sí mismas. Todo encierra gravedad boba de agua limpia. Nada contiene más rumor que lo erótico, pero no hay erotismo en esta situación. La virtud de los burdeles los torna inaccesiblemente al Maligno. Su sencillez desnuda más a las mozas sólo investidas de la perfección de la estatua pronta para la primordial misericordia multimilenaria.

*1977*

# [FEDERICO GARCÍA LORCA EN] BUENOS AIRES

SALVADOR NOVO

Aquí dejo a hacer *Seamen Rhymes*, que dirigirá Molinari, seguro de que Federico García Lorca querrá hacer alguna viñeta para mis versos, y vamos al Hotel Castelar, pues ya le ha telefoneado que estoy con él, y ha dicho que me lleve en seguida. Federico estaba en el lecho. Recuerdo su pijama a rayas blancas y negras, y el coro de admiradores que hojeaban los diarios para localizar las crónicas y los retratos, que seleccionaban la fotografía mejor, el ejemplar del *Romancero gitano*, que le acercaban el vaso de naranjada, que contestaban el teléfono; la voz engreída y andaluza del embajador de España, el admirativo silencio del chico que le habían dado por secretario. Por sobre todos ellos, Federico imponía su voz un tanto ronca, nerviosa, viva, y se ayudaba para explicar de los brazos que agitaba, de los ojos negros que fulguraban o reían. Cuando se levantó, mientras tomaba su baño, se volvía a cada instante a decir algo, porque se había llevado consigo la conversación, me senté en la cama. Jorge Larco, pintor argentino, me dijo que él había estado en México cuando era apenas un pendejo, en 1910 y 11, que recordaba un temblor espantoso. Es hermano de María Caballé, la actriz, y dice a todo: "Liiiiindo".

—Federico —le grita—, tenemos que llevar a Novo adonde fulano; ¡será lindo!

Federico entraba y salía, me miraba de reojo, contaba anécdotas, y poco a poco sentí que hablaba directamente para mí; que todos aquellos ilustres admiradores suyos le embromaban tanto como me cohibían y que yo debía aguardar hasta que se marchasen para que él y yo nos diéramos un verdadero abrazo. Por ahora, tenía que ir a ensayar *La zapatera*, que se estrenaba

167

esa noche misma. Allá nos veríamos para conversar después de la función, si era posible, y si no, al día siguiente yo vendría por él para almorzar juntos, solos.

*La zapatera prodigiosa* reunió en el Teatro Avenida al "todo Buenos Aires", como decía Pedro. De un palco a otro se saludaban, con elegantes inclinaciones leves de cabeza, las familias, los literatos. Cerca del nuestro se hallaba en el suyo Oliverio Girondo, que se ha dejado crecer unas grandes barbas, rodeado de un pequeño Parnaso en que brillaba el gran poeta chileno Pablo Neruda y la acometiva poetisa argentina Norah Lange. Cuando cayó el telón sobre aquel inusitado segundo acto, cuya habitual continuación en un tercero todo el mundo esperaba, las ovaciones fueron seguidas de una visita al camerino de Federico, que convirtió los pasillos del teatro en el escenario de una recepción mundana. Federico sonreía, estrechaba manos y torsos, sonreía; nadie quiso quedarse sin saludarlo, y Molinari y yo abandonamos el Avenida y caminamos por la de Mayo, a las dos de la mañana, entre las mesas de los cafés, hirvientes de literatos que comentaban *La zapatera*. Molinari, Chao, desparramaba entre ellos respectivos saludos, y fui a acostarme para leer un número de *Poesía*, que compré, fresco, en la calle, y que contenía una polémica revisión de Larreta, contra quien vociferamentaban Carlos Mastronardi, Amado Villar, J. Álvaro Sol, Scalabrini Ortiz, Nicolás Olivari, Alberto Hidalgo, Raúl González Tuñón, Ulyses Petit de Murat, Ramón Doll, Enrique Mallea, ¡Zum Felde!, Armando Cancella, Carlos Alberto Erro, Salomón Wapnir, Vignale, Fausto de Tezanos, Pinto, Arturo Cerretani, Luis Emilio Soto, una versión del noruego por Norah Lange, una de Joyce por Neruda y versos de Arturo Marasso, la Storni, Ulyses Petit de Murat, Klabund, Wildeney, García Lorca, J. M. Souviron, Genaro Estrada, Juan L. Ortiz, Juan Fuscaldo y Carmen Miguens. Y me asaltó el consternado pensamiento de que cuando el editor de esta revista organice otra exposición tendrá que alquilar el hipódromo para dar cabida a todos sus ejemplares.

En un restaurante de la Costanera, no elegido al azar, sino porque sus terrazas nos permitían, al mismo tiempo que comiéramos, mirar hacia el río como mar, el paseo en que aún se mira uno que otro vencido coche de caballos, la playa de que los bañistas morenos tienen que huir a veces con toda la fuerza de sus piernas, cuando el río, seco a ratos, se deja venir en un instante, nos sentamos Federico y yo, solos, como dos amigos que no se han visto en muchos años, como dos personas que van a cotejar sus biografías, preparadas en distintos extremos de la tierra para gustar cada uno de cada otra. ¿En qué momento comenzamos a tutearnos? Yo llevaba fresco el recuerdo de su *Oda a Walt Whitman*, viril, valiente, preciosa, que en limitada edición acababan de imprimir en México los muchachos de Alcancía y que Federico no había visto. Pero no hablamos de literatura. Toda nuestra España fluía de sus labios en charla sin testigos, ávida de acercarse a nuestro México, que él miraba en el indiecito que descubría en mis ojos. Hablaba, cantaba, me refería su estancia de La Habana, cuando estuvo más cerca de México y nadie lo invitó a llegar, y cómo fue ganando la confianza de un viejo negro, tenazmente, hasta que no logró que lo llevase a una ceremonia ñáñiga auténtica que hizo vivamente desfilar a mis ojos, dejando para el final de su bien construido relato la sorpresa de que era un mozo gallego, asimilado a la estupenda barbarie negra, quien llevaba la danza ritual con aquella misma gracia sagrada que en España le hace empezar a romper botellas y vidrios y espejos como fatal contagio de un cante jondo. Luego Nueva York, en donde la diligencia de Onís y del resto de la Universidad de Columbia lo aprisionó lejos de la curiosidad; pero España siempre, adonde yo tengo que ir, como él tiene que venir a México, porque en México hay corridas de toros y hay indios, que son españoles, y la fuerza y la gracia trágica y apasionada, y lejos de la literatura.

—¡Pero zi tú ere mundiá! —me decía—. ¡Y yo sabía que tendría que conocerte! En España y en Nueva Yó, y en La Habana, y en toah parte me haan contao anédota tuyaz y conozco tu lengua rallada pa hazé soneto! —Y luego poniéndose serio—: Pa mí, la amiztá e ya pa siempre; e cosa sagrá; ¡paze lo que paze, ya tú y yo zeremos amigo pa toa la vía!

Recuerdo ahora, Federico, como si te escribiera una carta que no contestarías en la prisa y el ajetreo en que vives, cómo aquella tarde tu intimidad y el fuego de tu conversación desataron la nostalgia del indiecito en evocadora elocuencia del México que presentías y que tardas tanto en certificar. Tú cantaste la *Adelita*, que sabías tan bien, y me dijiste que para ti esa canción simbolizaba todo el México que querías conocer, que Adelita era para ti una mujer viva, de carne y hueso, idolatrada por los sargentos, respetada hasta por el mismo coronel; fiel a su soldado, apasionada, morena y fecunda, y, hechizado por tu conjuro, por tu promesa de hacerle un monumento, cuando paladeabas su nombre, *Adela, Adelita*, yo te conté su vida. Porque en Torreón, cuando vivimos la epopeya de Villa, una criada de mi casa, que era exactamente como tú la imaginas, llevaba ese nombre cuando nació esa canción, y decía que a ella se la había compuesto un soldado. Y al proclamarlo satisfecha, con aquella boca suya, plena y sensual como una fruta, no pensaba sino en el abrazo vagabundo de aquel con quien al fin huyó por los montes de aquella estrecha cárcel de su Laguna; no imaginó jamás esta perenne sublimación de su vida en un himno que ahora a tus ojos vuelve a prestarle un corazón y que llena el mío del violento jugo de la nostalgia.

Luego hablaste —¡con qué certero juicio!— de las gentes de México que conoces: de Julio Castellanos, nuestro pintor más puro y más grande; de la monstruosa y mexicana generosidad de Amero y de la pobre Antonieta. ¡Y con qué legítima furia me preguntabas si era cierto que Vasconcelos tuvo la culpa de su suicidio!

—¡Dímelo, dímelo; si ez así yo le digo horrore a eze viejo!...

¡Con qué indecible angustia consideré la posibilidad de morir en Buenos Aires! Un sueño pesado y brutal, como no me había aprisionado nunca, me agarrotaba en pesadillas de que saltaba al determinista silencio de mi alcoba teatral, llena de cortinajes, en esa cama demasiado muelle; al calce de mi mano los timbres de un inhospitalario *valet*, siempre otro que acudió la vez anterior y que tardaba tanto con las medicinas. Las cinco, las seis, las siete de la mañana, y al fin la luz de un triste día, sin saber si hablar a Montevideo, cablegrafiar a México o suicidarme de una buena vez. Y con la primera medicina, un prolongado, febril sueño. Cuando el rumor de una conversación en voz baja me despertó, Nieves Rinaldini estaba a mi lado, como un ángel de la guarda.

¿Tres, cuatro días? En los intervalos, cada vez más frecuentes, de lucidez que el pesado sueño me dejaba, yo veía pasar a Pedro, a Amado Alonso, a Molinari, a nuestro embajador; pero todos hablaban con Nieves. Nieves se instaló en un departamento contiguo al mío y no durmió, velándome, cambiando las sábanas que empapaban mi fiebre, como la más abnegada madre, frotando mi cuerpo con aquella colonia cuyo olor ya no olvidaré nunca, con aquel talco de un frasco azul. Federico entraba y salía; más tarde me aseguró que desde un principio supo que yo no habría de morirme, y a propósito de su clarividencia gitana refirió una leyenda de "martinicos", duendes, e hizo conjuros por mi salud, que a poco lo hacen lanzar de su hotel, pues el más eficaz consistía en echar agua por la ventana, y bañó a más de un transeúnte de la Avenida de Mayo para que yo me aliviara pronto. Cuando estuve mejor, en las suaves paternales manos del doctor Adalid que Nieves llevó, me refirió ella —y he de admitir que la noticia no dejó de inquietarme— que cuando Nervo estaba muy grave le telegrafió de Montevideo, y ella fue a verlo al Hotel Parque, y él murió en sus brazos.

*1935*

# VOCES DE MUERTE

SALVADOR NOVO

Cualquiera que sea el despertar de este sueño de angustia que vive España, se habrán perdido *El entierro del conde de Orgaz* y el Alcázar de Toledo. No puedo resignarme a creer que el más grande poeta que ha habido desde Góngora haya caído también ante la furia sarracena y traidora de sus hermanos. Los diarios de Madrid dan por cierta su muerte. Todavía Armand Guibert, que acaba de publicar en Túnez la traducción del *Romancero gitano*, me escribe que ni él ni Francisco, el hermano de Federico, que es allá Cónsul de España, saben nada de él, ni de Roy Campbell, otro joven poeta inglés que se hallaba en Toledo. Y no concibo que García Lorca, que era la vida misma, la haya dejado.

Cierro los ojos y lo veo mimado y triunfal en Buenos Aires, allí donde la envidia no le roe a nadie las miserables entrañas; en donde no es la técnica deprimir a los otros para ser advertido desde la personal pequeñez, en donde la gente se entrega sin las reticencias amargas de la "altiplanicie" que capturan en un clima asfixiante el teatro de Ruiz de Alarcón y de sus inteligentes y técnicos descendientes, al disfrute impulsivo y puro de una bella humanidad.

Quienes aprendieron —o estudiaron— en París —o en sus domicilios— una técnica discernible desde Racine o Moliére hasta Giraudoux, ignoran deliberadamente que la gloria de Lope, que es la de García Lorca, estriba en haber hecho a un lado las "reglas" para crear un teatro romántico y poético superior a todas ellas, un teatro que sólo guarda con la vida la distancia de una poesía vigorosamente nutrida en ella.

Ya en su mocedad fue una vez reprobado en un examen de historia de la lengua española, en la Universidad de Granada.

173

"Llegará el día, escribió entonces J.M. Guarnido, dirigiéndose a los profesores, en que, si vivís bastante, tendréis que explicar las obras de Federico García Lorca desde lo alto de vuestras cátedras." Como él decía a menudo, sus mejores profesores de historia y de literatura fueron los criados y las gentes del pueblo, de ese pueblo andaluz tan rico de tradiciones y de secreto ardor. Su amor por la pureza original se revela en la *Oda a Walt Whitman*, impresa en México en cincuenta ejemplares, y de la que Gerardo Diego ha escrito que la tiene por "lo más importante e inspirado de su obra lírica". Estalla en sus páginas un intenso amor por la vida sana y la generosidad: toda huella de esteticismo desaparece en esta obra en que se proclama magníficamente "la llegada del reino de la espiga". El mismo soplo directamente humano hinche las páginas del *Llanto por Ignacio Sánchez Mejías*, especie de "Endimión" doloroso a la memoria de un amigo que halló la muerte en una corrida de toros.

El teatro y la poesía ¿son separables en Lope? Sería incompleta la evocación de García Lorca que omitiese, como quieren sus gratuitos detractores, la consideración de su teatro. A los diecinueve años obtuvo un franco éxito de escándalo con *El maleficio de la mariposa*. Vino después *Mariana Pineda*, drama histórico en verso y más tarde *Bodas de sangre*, *Yerma*, *La zapatera prodigiosa*, *Doña Rosita la soltera*, todas estas obras representadas cientos de veces a teatro lleno en capitales de países sin duda menos sabios que México, como España, la Argentina, Cuba. En ellas el arte del silencio (los cronistas teatrales de los tabloides mexicanos dijeron que "la acción decae") está sabiamente mezclado a la intensidad poética que las distingue.

En ellas, como en las adaptaciones modernas de Lope de Vega que se le deben, García Lorca ha incluido profusión de cantos y de danzas a la manera de Shakespeare. En París no enseñan, sin duda, que Calderón de la Barca escribió zarzuelas. Cuando se piensa acá en esa palabra, y quiere empleársela para ofender y degradar, el espíritu de quienes lo hacen detiénese en

*Las bribonas*, por acto fallido. García Lorca ha realizado el milagro de unir en la misma admiración a los palcos y a la galería, y aun en esto se parece a Lope y no se parece, para su dicha, a Racine.

No ha tratado de "orientar" a sus amigos alrededor de una taza tibia de café con leche. Para servir a su arte y volverlo verdaderamente popular, sin compromisos vanos, ha partido por los caminos a la cabeza de un grupo teatral: *La Barraca*, que daba representaciones en los pueblos y en los villorios de provincia. Dio en Cuba y en la Argentina conferencias de literatura española, y en Buenos Aires adaptó clásicos cuya lengua había envejecido. Pero su aprendizaje de director de escena lo hizo prácticamente, frente a la reacción de los públicos, con el grupo ambulante de su Teatro Ilustre.

No es ocasión de entrar en el análisis detenido de las excelencias de todo orden de su teatro; de su gusto apasionado por la música, de su sentido de la orquestación y del ritmo, vigorizado en su amistad íntima con Manuel de Falla, y que es preciso ser ciego y sordo para no percibir en todos los momentos de sus obras, en su hábil manejo, por ejemplo, del negro como nota viva en la escena de las lavanderas de *Yerma*, o en la madre de las *Bodas de sangre*, o en el traje de Albaicín cuando bailaba "Los cuatro muleros". Ni de señalar, no para denostarlo como lo ha hecho, sino para reconocer su valor tradicional y moderno, cómo el honor, resorte del teatro de Lope en que las mujeres mantienen el lugar que les decreta su época, revive en la honra de la galería de atormentadas hembras de García Lorca como sentido de un "conflicto" que será teatro mientras el pan sea pan y el vino vino.

* * *

Amaba a México, ansiaba conocerlo y me había prometido venir luego que estrenaran en Nueva York la versión de sus *Bodas de sangre*. Cuando a fines de 1934 empezaron a romperse las alcantarillas de nuestra ciudad, lo supo en Madrid, y la imagen que tenía de nosotros debe de haberse conmovido. Llegó después Margarita Xirgu a darnos sus obras-margaritas. Cipriano Rivas Cherif, escritor y estudioso del teatro desde hace muchos y fructíferos años, se encontró en un medio reticente, tibio. Los "sovietissimos" (que como observa Natham tildan de zorrillo odorífero a todo autor en alguna página de cuyas obras no se muestre inconforme porque los mineros hayan de vivir en las minas y no en el Ritz) y los de esta o aquella "generación" pasteurizada, todos, por diversas razones, le hicieron el vacío. No quedaba, para aguardar cordialmente a García Lorca, sino algún poeta que calca los versos en petate. Y no llegó a venir.

Voces de muerte, como en la de Antoñito el Camborio, soplan sobre su vida fecunda. De falderillos en un México tan diverso del que soñaba conocer, de balas asesinas en una España cuya poesía era toda suya. Ni unas ni otras, Federico, te matarán nunca.

*1936*

# PRÓLOGO AL TEATRO DE FEDERICO GARCÍA LORCA

SALVADOR NOVO

## I. LA ESPAÑA NUEVA DE LOS AÑOS VEINTE

Tropiezo, en el rincón de un estante, con unos pequeños tomos en rústica amarillentos, envejecidos, ahí olvidados desde hace muchos años. Son los *Cuadernos Literarios* que por 1927 —pronto hará un medio siglo— llegaban al México literario de Ulises y de los Contemporáneos como portadores, heraldos, de un propósito de divulgación a la vez que de conjunción y fraternidad entre los autores españoles consagrados y los nuevos, los jóvenes del momento: los que encontraban resonancia, simbiosis, en Xavier Villaurrutia, Jaime Torres Bodet, José Gorostiza.

Releo la segunda de forros de uno de estos *Cuadernos*, tarifados de una a dos y media pesetas: "En el propósito de los *Cuadernos Literarios* está el responder con la fidelidad posible a las corrientes espirituales, quizá un poco antagónicas para vistas de cerca, que se van marcando en nuestros días. Junto a la obra del hombre consagrado con personalidad definida, cabe aquí la tentativa del escritor joven que ve claro su propósito. Pretenden, en suma, los *Cuadernos Literarios*, ser un reflejo de la vida literaria contemporánea, sin reducirla al círculo intelectual de un grupo, de una tendencia o de un país".

Eran los años en que la benemérita Biblioteca de Autores Españoles de Rivadeneyra, y la Nueva de igual tamaño, se veían actualizadas, manuables y legibles; dotados los autores de estudios, prólogos y notas por investigadores nuevos, en los "Clásicos Castellanos de la Lectura". Eran en España los "días alcióneos" de un renacimiento cultural nutrido en la flamante Ciudad Universitaria, nodriza próvida de talentos nacidos el año

177

clave del 1898. A la erudición caudalosa, desbordada y undívaga de don Marcelino Menéndez y Pelayo, había sucedido el rigor crítico y de investigación de don Ramón Menéndez Pidal.

Significativamente, la "primera serie" de los *Cuadernos* aludidos reunía a Pío Baroja, Ramón y Cajal y don Ramón Menéndez Pidal con José Moreno Villa —diez años más tarde incorporado a México hasta su muerte— y con el mexicano a quien sentíamos, más allá de sus deberes diplomáticos, antena de nuestro país y representante de los escritores de acá: Alfonso Reyes. Años después, ya vecino del México a que por aquellos años había venido a dar conferencias —como otro ilustre prologuista de La Lectura, Américo Castro el año que publicó su *Pensamiento de Cervantes*—, Enrique Díez-Canedo evocaba a sus propios Contemporáneos, que lo eran de nuestro Alfonso Reyes, en el ambiente madrileño en que sonaban como las travesuras literarias confiadas a la revista *Índice* (el Diálogo entre don Vino y doña Cerveza), las "horas" de éste o de aquel escritor. Recuerdo un par de ellas, alegremente comunicadas por don Enrique:

> Es la hora de Solalinde:
> el benjamín de los filólogos,
> que redacta notas y prólogos,
> de quien don Ramón no prescinde;
> es la hora de Solalinde.

o bien:

> Es la hora de Julio Camba;
> con estos terribles bochornos
> va a tomar chocolate en Fornos
> o a tomar café en Tupinamba.
> Es la hora de Julio Camba.

Acababa de abandonarnos para mudarse al Buenos Aires donde lo volví a ver, y justo en la ocasión en que conocí a Federico García Lorca, un Maestro que aún bajo el porfirismo, había venido de su natal Santo Domingo a estudiar en México y fundar, con otros jóvenes, un Ateneo cuyos miembros dispondrían años más tarde, al triunfo y a la institucionalización de la Revolución de 1910, de oportunidades brillantes para llevar al cabo la revisión de la cultura, la filosofía, las letras —y aun la pintura y la música— que fue dable a José Vasconcelos auspiciar desde una restaurada Universidad, y desde una nueva Secretaría de Educación Pública. En ambas tareas —Universidad y Educación—, Pedro Henríquez Ureña aportó a su coateneísta Vasconcelos su oportuno consejo; y a la nueva generación de escritores su guía, su disciplina —y la relación con los escritores, jóvenes de los países de América y con los de la España nueva: aquella en que acababa de publicarse su *Versificación irregular en la poesía castellana.*

Alfonso Reyes —a la vez compañero y discípulo de Pedro Henríquez Ureña en el Ateneo de México— compartía en Madrid el ejercicio de su vocación investigadora de las letras, ya acusada en su primer libro: *Cuestiones estéticas*, con la necesidad de ganarse el sustento mediante colaboraciones periodísticas: crónicas, ensayos, que reunía en libros para formar la serie de "Simpatías y diferencias" a que Pedro Henríquez Ureña nos aficionó; y cuya lectura, con la de los demás libros de esa su muy fecunda época, inició nuestra relación con Alfonso Reyes y cuanto ella servía a la vez de enlace entre los jóvenes escritores españoles y los mexicanos.

Así los nombres de Pedro Salinas, de Benjamín Jarnés, de Mauricio Bocarisse, de Rafael Alberti: las pulcras ediciones *Índice,* en que nos había llegado la *Visión de Anáhuac* de Alfonso Reyes y se nos presentaban los poetas nuevos de España: aquellos que a partir de Antonio Machado cruzaran el puente críptico y delicado de Juan Ramón Jiménez hacia nuestra más cordial comprensión, simpatía, inscripción entre nuestras sinceras admiraciones juveniles. En esa flota de Argonautas, una voz a que daba fondo la guitarra de Andrés Segovia: preñada de una luna mágica y verde, medio el Greco y medio Dalí: que contaba historias estrujantes, como los viejos

179

romances; como si los viejos romances hubiesen despertado de su sueño de siglos a revivir en la imaginación y los labios de Federico García Lorca, llegó, con su nombre, a nuestros oídos.

## II. Perspectiva de García Lorca

Los años transcurridos desde su culminación teatral hasta esta fecha en que toda su obra ha alcanzado amplísima difusión mundial, la enmarcan en una perspectiva que permite apreciar la genial medida en que dentro del término forzosamente breve de una existencia individual, se pudo repetir en García Lorca —prodigiosamente acelerado, comprimido— el largo, pero sólido y firme, proceso que en la literatura española parte de los romances viejos en derechura y floración hacia y hasta el gran teatro del Siglo de Oro.

Lo que rinde al joven poeta la admiración, la atención, la sorpresa y la adopción inmediata entre las revelaciones de nuestro tiempo, es en efecto su *Romancero gitano.* Dos corrientes lo nutren: la raigambre popular ancestral, de los romances viejos: en su máxima porción, narrativos, dramáticos: genes naturales del teatro que adoptará sus octosílabos como lenguaje y sus historias como temas; y la imaginería, la adjetivación y la metáfora cultas en que se manifiesta un Góngora resurrecto. En alguna parte de sus confidencias, entrevistas o reflexiones, García Lorca señaló su propósito de restituir al romancero la vitalidad de que el neoclasicismo había, en apariencia, logrado privarlo, despojarlo; la vitalidad que había, con el romance, dado sus últimas boqueadas con el Duque de Rivas y con don José Zorrilla, para hacer en el resto del XIX un mutis doloroso.

Cabe señalar que si en España sufrió el romancero eventuales eclipses, no le ocurrió lo mismo en un México adonde los primeros romances llegaron en los labios sedientos y jóvenes de los aventureros conquistadores. Bernal Díaz recuerda y recita romances viejos; los recuerda (y los sufre agriados hasta el burdo epigrama) Cortés. El romance se infiltra en el oído y en el gusto de la Nueva España, condenada empero a la pesadez de las estrofas reales para la versificación de su epopeya (*El peregrino indiano*). Sor Juana lo escribe, dentro y fuera de su escaso teatro. Y el pueblo lo hace suyo, lo canta por ferias y plazas como los juglares antiguos. Es el corrido mexicano, romance vestido de charro, que conserva en el trasplante las virtudes castellanas del honor, la pasión, los celos y la muerte.

A partir de Menéndez Pidal, mucho se ha investigado el arraigo, la difusión y las metamorfosis de los romances castellanos en América, y muy particularmente en México. El romancero mexicano no sufrió quebranto ni eclipse durante el siglo XIX, sino todo lo contrario: sirvióse de él para narrar la Independencia y la Reforma, Guillermo Prieto, a quien sus contemporáneos acaban por llamar "el Romancero"; en romances cuenta leyendas lóbregas de las calles virreinales Juan de Dios Peza. Y en nuestro siglo: dramáticamente ilustrados en papeles de colores por Posadas y Vanegas Arroyo, los romances —esto es: los corridos—, cantan por todos los pueblos, plazas, ferias, las hazañas de los héroes —¡tan medioevales!— de la Revolución.

He aquí por qué al llegar a nuestros ojos y oídos la voz de García Lorca en su *Romancero gitano*, nuestro entusiasmo no abría la puerta a un extraño, sino los brazos al regreso de un hermano pródigo. El corrido saludaba al romance. Y el romance regresaba a sus lares rico de cuanta pedrería le había enjoyado —Marco Polo— Federico en sus viajes.

### III. Clásicos y románticos

Sólo que los viajes de este audaz Marco Polo andaluz no habían explorado espacios, sino anulado tiempo. Habían sido viajes alrededor de su propio mundo: la literatura de su patria. Y la literatura de su patria no se explica sino como su vida entrañable: es el paisaje; pero como residencia del hombre y la mujer sin los cuales ese paisaje languidece y se extingue.

181

En los romances viejos habitan, cautivos o encantados, los personajes en espera del mago o brujo capaz de hacerlos revivir, como ya en otro siglo lográronlo Guillén de Castro o Lope de Vega. Cuando en el nuestro Federico se acerca nuevamente al romancero, los caracteres, los personajes y los tipos que en ellos han preservado por siglos la simiente de su humanidad, le acosarán para confiarle sus vidas, reencarnaciones, sus triunfos y derrotas; sus angustias, su muerte. El genio de García Lorca habrá decantado en su alquimia los ingredientes más probados y auténticos del gran teatro poético del Siglo de Oro, para ofrecernos *su* propio —y nacional— gran teatro poético.

Los estudiantes de teatro saben que este género admite (entre las múltiples disecciones a que se le suele someter) una gran división en dos rubros: teatro clásico y teatro romántico. Entendemos por teatro estructuralmente clásico el que reglamentó en su *Poética* Aristóteles: pero sobre todo, el que cronológicamente floreció antes de Cristo, y está por ello impregnado en el determinismo que convierte al héroe en juguete y siervo de los dioses. El héroe clásico: aunque suela rebelarse contra su destino, lo cumple porque una caprichosa voluntad omnímoda lo fuerza a ello.

La moral cristiana introdujo en la vida un elemento —el libre albedrío— que al emancipar al hombre de la tiranía de los dioses, lo responsabiliza de su destino. Transfiere a sus propios hombros la carga que en cierto modo, era cómodo atribuir a los dioses. Por lo que hace al teatro, el libre albedrío como pivote de la conducta humana, dota a la máscara de un segundo rostro: origina, motiva al teatro romántico, por oposición al clásico. El héroe, por una parte, ha dejado de ser necesariamente rey o semidiós; puede ser simplemente humano. Y por la otra, está en aptitud de erguir su propio ideal, defenderlo o con él atacar, medir sus fuerzas contra quien o quienes o lo que, se le oponga. Y hacerlo con la posibilidad de triunfar. El conflicto deja así de tener un solo desenlace posible, para abrirse a muchos potenciales y no dictados ni condicionados por los dioses.

## IV. El Siglo de Oro

Dos grandes pueblos desarrollan, en el Renacimiento, sendos grandes teatros de raíces religiosas semejantes, pero de características propias: la Inglaterra que culmina en Shakespeare, y la España que derrama hasta Inglaterra la influencia de sus temas e historias —como por lo demás, lo hará hacia la Francia clasicista con *Le Menteur, Le Cid, Don Juan*. La española *Celestina* fue conocida en Londres, anónimamente traducida de una versión italiana, en 1578. Gran importancia e influencia (aun por su parecido con *Hamlet*) tuvo el "drama de venganza" que Thomas Kyd llamó *The Spanish Tragedy*; no menos que *The Spanish Gypsy*, de Middleton y Rowley, y *The City Nightcap*, curiosa versión de *El curioso impertinente* cervantino, por Robert Davenport. Como lo observa Allardice Nicoll en su *Historia del drama inglés*, "la tragicomedia de molde romántico tuvo influencia indudable en el espíritu de los dramaturgos ingleses, y la intriga española llegó a usurpar más y más la atención. El drama español estaba magníficamente calificado para atraer en la época de los reyes Jaime y Carlos. Bajo Lope de Vega y Calderón, había ganado un sitio supremo en el mundo del arte. Al enfriarse los sentimientos que llegaron al rojo vivo en los días de la Armada Invencible, la Corte se volvió hacia España". Y analiza las razones de esta atracción, que hacía triunfar al teatro español del Siglo de Oro: "El teatro español se distinguía por tres características: el tono romántico que con frecuencia envolvía las escenas más serias; el énfasis en la intriga, o acción, a expensas de los caracteres; y el aire de una galanura aristocrática engendrada en un pueblo estrictamente monarquista entre convenciones de una etapa tardía de civilización".

## V. Donde hubo fuego...

Un pesado telón de boca prolonga para el teatro español el intermedio provocado al cesar la línea barroca, romántica, de los

Austrias, e infiltrarse en nuestra cultura el frío, formal, racional academismo de los Borbones. Había caído el telón sobre un Calderón de la Barca que rendiría la admiración de los alemanes; sobre el Tirso, maestro en intrigas, sobre el monstruo Lope. Todo empezaría a ser mesura, tres unidades, tipos; y a expresarse el teatro en el común hablar de la prosa.

Bajo este vasto silencio se percibe, empero, la alegría burlona: el rasgueo de guitarra de don Ramón de la Cruz, quien afirma sacar sus textos "del teatro de la vida humana, que es donde leo". Cuando arraiga y prospera la popularidad de este fecundo sainetero, no se halla solo en la lucha defensiva contra los escritores partidarios del teatro "a la francesa", ni en sus sátiras de las tragedias "a la Corneille". Le acompaña y aplaude el pueblo; el mismo que un siglo antes se miró complacido a los espejos mágicos que enmarcaban en romances y sonetos sus autores consentidos.

Si pues don Ramón de la Cruz custodia bajo la ceniza del siglo XVIII el fuego, o siquiera la chispa, del gran teatro español que le precedió, la ocasión de verlo surgir en llamarada efímera, la deparó el viento, o ventarrón, o temblor de tierra, de un romanticismo cuyo epicentro se localiza en los países sajones, adonde parece haberse mudado en trueque. Desde esos países, volverá a España después de haber estallado en el grito alemán del *Sturm und Drang*. Las traducciones de Chateaubriand, Walter Scott, Lord Byron, Victor Hugo, preparan el terreno (o, mejor, siembran en coto propicio) para el advenimiento triunfal del Martínez de la Rosa de *La conjuración de Venecia* (1834); del uque de Rivas y su *Don Álvaro o la fuerza del sino* (1835); de Antonio García Gutiérrez (visitante de México, obligado en Mérida a salir a escena para agradecer ovaciones) y su *Trovador* de 1836; de *Los amantes de Teruel*, de Hartzenbusch, 1837. Las poesías de Espronceda (1839), la obra de Mariano José de Larra y el *Don Juan Tenorio* de su condoliente José Zorrilla (1844) anuncian el nuevo, pronto ocaso del romanticismo en el XIX. Mucho de cuyo material temático aprovechará el genio de

Verdi para armar óperas que han de durar —¡ay!— más que los dramas que las nutren. Con agudeza observan Germán Bleiber y Julián Marías que "la vida española está inmersa en el romanticismo desde 1812 aproximadamente; pero se vierte literalmente durante tres lustros, en moldes neoclásicos".

Con un teatro compartido por Benavente y Muñoz Seca: en crisis la España que se asomaba al siglo XX, los escritores que las historias literarias emulsionan a pesar de sus diferencias y géneros como "la generación del 98" se planteaban interrogaciones acerca de si ya fuera a seguir la suerte de Grecia y de Roma: sucumbir; y qué podría hacerse para sacarla del marasmo. Parecía preciso volver a establer, averiguar qué era España; cuál su esencia; qué le ocurría y cuál era su mal.

El siglo XIX tocaba a su fin cuando la racha del Modernismo, llevada por el americano Rubén Darío a una España necesitada de renovación, pareció indicar el camino, y aconsejar una renovación que no adulterase, sino que redescubriera, sus gloriosas esencias eternas. Del ilustre catálogo de miembros de aquella generación, aislamos a Valle-Inclán, los Machado y Juan Ramón Jiménez, como los espíritus más afines y más próximos en la poesía y para el teatro, a quien, nacido en ese año, fija en su primer libro a los veinte de edad las *Impresiones y paisajes*, recogidos durante un viaje de estudiante universitario: Federico García Lorca.

## VI. ENTER LORCA

Le estaba reservado a este gran poeta catalizar todas las dudas, esperanzas, anhelos de su generación, y darles respuesta con una obra que recogía, remozaba, lavaba, sacudía, el lenguaje poético: le daba de boca a boca la respiración que empezaba a faltarle; y al redescubrir el teatro poético, propiciaba el regreso triunfal de la "monarquía cómica" con la renovación más audaz intentada para la escena contemporánea en castellano.

185

Son las *Canciones* —1927— lo que primero llega a nuestra admiración: libro en que ya germinan, como en un almácigo, las simientes de una poesía que ha de diversificarse en las siguientes obras suyas. Como la tónica que abría de reiterarse en las posteriores creaciones, el *Romancero gitano* madura el ritmo popular de canción, con reminiscencias infantiles; la metáfora relampagueante, y la angustia del misterio.

\* \*˙ \*

El paso de la poesía narrativa a la escena fue en García Lorca tan normal y maduro como el que conduce la flor al fruto. Hay poesía y empieza a haber teatro en *El maleficio de la mariposa*, inconclusa; ensayo de sus 21 años en 1919. A partir de ese ensayo, su balanza poética se inclinaría en el teatro alternativa, compensadoramente, por la evocación melancólica, tierna, del pasado cuyo ambiente y personajes sirvan a la poesía como *Mariana Pineda* o *Doña Rosita la soltera*; por el desenfado, el burlesco disfraz de una emoción lírica disimulada en las farsas como *La zapatera prodigiosa* o *Amor de don Perlimplín*; o con mayor hondura y peso artístico, por los dramas de tema popular, con obras cumbre como *Bodas de sangre*, *Yerma* y *La casa de Bernarda Alba*. En estas tres tragedias, la pasión, el sexo, la frustración maternal, construyen en su choque con el viejo honor del teatro castellano en sus perdurables metamorfosis, una admirable galería de caracteres femeninos surgidos de la pluma de un poeta que, con ellos, dota al teatro español de todos los tiempos de las mujeres que el Siglo de Oro recató; y de que asoman apenas, en el mejor Benavente, los perfiles de *La malquerida* y de *Señora ama*.

Por lo demás, el teatro de Federico García Lorca recibe, aparte la poesía o con ella, el concurso de todas las artes que su autor conocía y practicaba: música, canto, danza, pantomima; y decorados y vestuarios fantásticos. Su amistad con Manuel de Falla (con quien en 1923 prepara una original fiesta para los niños); con Adolfo Salazar (fallecido en México), con Dalí, con Buñuel; su personal habilidad para el piano, la guitarra, la declamación y el canto, le calificaron para emprender en 1932, con Eduardo Ugarte, el teatro trashumante de La Barraca que llevara —nuevo Tespis— por los pueblos de España sus propias versiones de *La vida es sueño, Fuente Ovejuna, El burlador,* los *Entremeses* de Cervantes. Ya para entonces, sus obras —después del temprano fracaso de *El maleficio de la mariposa*— había pisado los escenarios españoles: *Mariana Pineda,* por la Xirgu, en el Teatro Fontalba el 12 de octubre de 1927.

Quien habría de introducir, presentar, revelar el teatro de García Lorca en México en 1936: Cipriano Rivas Cherif, ya había montado en su propio grupo teatral El Caracol, el *Amor de don Perlimplín,* en enero de 1929; y estrenado en el Teatro Español, el 24 de diciembre de 1930, la versión de *La zapatera prodigiosa,* con la Xirgu.

El 8 de marzo de 1933, la compañía de Josefina Díaz de Artigas estrenó en el Teatro Beatriz de Madrid las *Bodas de sangre* que ese mismo año, Lola Membrives presentaría en Buenos Aires durante la estancia triunfal del poeta, del 12 de octubre de 1933, al 27 de marzo de 1934: las *Bodas de sangre, Mariana Pineda,* y la versión ampliada de *La zapatera prodigiosa.*

El 12 de marzo de 1935, con motivo de las 100 representaciones de *Yerma* en el Teatro Español de Madrid, Federico dio lectura a su *Llanto por Ignacio Sánchez Mejías*; y el público madrileño conoció el 18 de marzo la versión ampliada de *La zapatera,* en el Coliseum, por Lola Membrives, escenografía de Fontanals (fallecido en México después de colaborar asiduamente en nuestro cine) y dirección de Federico García Lorca.

Por esos días anunció el poeta haber terminado *Doña Rosita,* obra que la compañía de Margarita Xirgu leyó en el Teatro Studium de Barcelona en septiembre de 1935 y que dirigida por Cipriano Rivas Cherif constituiría, con los estrenos de *Bodas de sangre* y *Yerma,* en Bellas Artes, la presentación teatral de un poeta ya aquí admirado como tal; y cuya llegada personal a gozar de su triunfo, se anunciaba como inminente. Él mismo había declarado, en mayo, su plan de viajar nuevamente a Nueva York, descansar en el tren a México, ver el estreno de sus obras y dar aquí una conferencia sobre el Quevedo que lo tenía fascinado. Entre junio y julio de 1936; en el Club Anfístora, se leyó con intención de montarla, una obra teatral más de Federico: *Así que pasen cinco años* —que en 1957 tuve el gusto de presentar en televisión dentro de la serie de Teatro Universal que entonces dirigí bajo el patrocinio de la Lotería Nacional.

## VII. FEDERICO EN MI MEMORIA, O MEMORIA DE FEDERICO

En las páginas de mi *Continente vacío, viaje a Sudamérica,* publicado en Madrid por Espasa-Calpe en 1935, aparece el Federico García Lorca a quien brevemente conocí y traté en Buenos Aires.

Lo de menos sería cometer aquí el autoplagio de reproducir aquellas páginas. Renuncio a hacerlo. Prefiero, a la distancia de todos estos años, sin dejar que floten, surjan, los recuerdos que no hayan naufragado; sin el orden cronológico con que en aquel libro vertí las impresiones de unos cuantos días absorbidos por su personalidad arrolladora.

Durante el viaje por mar —¡18 días desde Nueva York a Montevideo, con apenas una pausa en Río de Janeiro!— yo había escrito un poema bilingüe que titulé "Seamen Rhymes". Cuando el poeta argentino Ricardo Molinari insistió en que fuésemos a saludar a Federico García Lorca, pues él había manifestado deseos de conocerme, llevé conmigo el poema.

Como el camerino de una estrella en noche de gala, el cuarto que Federico ocupaba en el hotel se hallaba, a medio día, lleno de admiradores. Él vestía aún el pijama a grandes rayas blancas y azules con que saltaba sobre la cama, reía, hablaba sin tregua. Pero un diálogo sin palabras se entabló entre nosotros, que dejaba a los demás fuera o al margen de una amistad for-

188

jada de un solo golpe. Me parece aún oír su voz: "Pa mí, l'a-miztá é ya pa ziempre. E' cosa sagrá". Y exageraba el ceceo.

Cuando por fin partieron los visitantes, Federico se vistió como un transformista, y salimos a almorzar. Llevaba entonces, como una audacia personal, lo que llamaba "pulóver" —sweater cuello de tortuga— y lo que llamaba "mono" y nosotros overall, de tela corriente. No usaba el sombrero que la mayoría de la gente conservaba encima, a pesar de la prédica sinsombrerista de H. G. Wells.

Me explicó que su indumentaria era una especie de uniforme usado por todos los miembros de La Barraca.

Mentiría si dijera que hablamos de cosas trascendentales o importantes. México, por supuesto, era un tema de nuestra conversación. ¿Cómo, si ya había estado en Nueva York y en La Habana, no llegó, no se desvió a México? "Nadie me invitó. Yo habría volado hacia allá". Mientras tanto, había conocido y tratado a algunos mexicanos: en Madrid, desde luego a nuestros diplomáticos: "Cómo está uzté", y hacía un ademán de cortesana, falsa cortesía. Y creo que en La Habana, a Emilio Amero y a Julio Castellanos. Y en Madrid, a Antonieta Rivas Mercado.

Pero él quería saber de México. No el México literario, sino… Le parecía imposible que no me gustaran los toros. No me lo creía. De la ciudad que le describía, le prometí ser en ella su cicerone a-literario, y procuré entusiasmarle a visitar a México lo antes posible.

Si no al siguiente, sí fue uno de esos días cuando Federico estrenaba *La zapatera prodigiosa*. El "todo Buenos Aires" —como decía Pedro Henríquez Ureña— se dio elegante cita en un teatro pletórico en que refulgían los prestigios locales de Oliverio Girondo, y ya más difundidos de Pablo Neruda. Hizo el prólogo Federico: de frac, la chistera en la mano, de que en el momento climático de su improvisación hizo brotar una paloma que revoloteó por el teatro, sacudido por la ovación tributada al niño mimado de la temporada. Obvio es decir que su camerino, repleto de flores, fue un desfile interminable de damas y caballeros bonaerenses.

Enfermé. Y cuando menos lo esperaba, Federico irrumpió en el cuarto de mi hotel. Traía consigo cuatro dibujos que acababa de trazar para mi poema, y que (muchas veces reproducidos desde entonces: uno de ellos, en las obras completas de Aguilar como "amor novo") ilustraron la limitada y fina edición de cien ejemplares en diversos papeles que Molinari encargó de imprimir a don Francisco Colombo. Luego habló, habló; yendo de aquí para allá, seguro de poder alejar a los duendes de mi enfermedad mediante los conjuros gitanos que se divertía en recitar. Sólo que uno de los exorcismos más eficaces consistía en arrojar agua por la ventana, como lo hizo. El administrador del hotel no tardó en subir a reprochar que desde mi ventana, se hubiese humedecido a un transeúnte.

Teníamos pocos días para vernos, para andar juntos. Yo debía volver a Montevideo —sede de la Conferencia Panamericana de que era relator— y Federico, ir a alguna ciudad del interior a dar conferencias. Aquel último día de nuestra coincidencia en Buenos Aires, era pues preciso pasarlo juntos y divertirnos como lo planeamos.

Plan que por un momento, pareció zozobrar. Pues cierto joven millonario con afición por la fotografía, nos hizo ir a su estudio y posar, juntos y aparte, para varios retratos. De ahí debíamos ir a su casa para tomar un copetín, pues su bella hermana daba un "recibo".

El apartamento, de lujo, estaba a nuestra llegada lleno de elegantes señoras y caballeros en tuxedo, todos admiradores de Federico. Se nos anunciaba un buen par de horas de sociedad hasta la saciedad. Pero nunca imaginé el recurso a que García Lorca acudiría para liberarnos. "Vas a ver", me sopló al oído con aire misterioso. Y de pronto: con el aire más ofendido del mundo, se plantó frente a su aristocrático, desconcertado anfitrión: "¡Es imperdonable! No nos dices que tu recibo ha de ser de etiqueta, como visten todos tus invitados! ¡Y aquí llegamos, Salvador como quiera, y yo con mono, para vernos ridículos entre todos estos elegantes! ¡Ah, no! ¡Eso no te lo perdono! ¡No te lo tolero! ¡Vamonos!" Y salimos, entre el asombro general. Ya en la calle, "¿Has visto que fácil", rió estruendosamente, y nos encaminamos hacia una noche bonaerense sin etiqueta.

* * *

Escribo este prólogo a los dos volúmenes con que Federico García Lorca ingresa en la colección "Sepan Cuantos...", a los treinta y nueve años de aquel fugaz encuentro con la persona cuyo genio, gracia, voz, ha permanecido, a la vez congelada y viva, inmóvil y dinámica, en mi recuerdo; sin posibilidad de cotejarla con la que en el curso de los años habría deteriorado su irremediable decadencia, de haber sobrevivido al vendaval que —fruto en madurez— lo desprendió del árbol.

Al México a que en 1934 me reintegré; donde apenas recibí suyas unas líneas que hablaban "al indiecito que llevas debajo de la tetilla izquierda", llegó el teatro de Federico. Lo traían Cipriano Rivas Cherif, Pedro López Lagar, Margarita Xirgu. Fue para todos una revelación deslumbradora, que no faltó quien se diera fallida prisa en imitar.

Desde aquellos años, la obra y la vida de Federico García Lorca han sido en todo el mundo objeto de estudio, homenaje y admiración. Y México (donde la "Alcancía" de Justino Fernández y Edmundo O'Gorman, con un dibujo de Rodríguez Lozano, había dado primera edición a su *Oda a Walt Whitman*), el país en que su poesía sigue siendo tan profundamente sentida y apreciada, como adoptado su teatro por repertorio predilecto: de esfuerzos juveniles semejantes a los de su precursora La Barraca, o de Compañías como las que estrenan las grandes obras suyas que el lector hallará en los dos volúmenes "Sepan Cuantos...", para los cuales me ha sido concedido el privilegio de escribir estas líneas a guisa de prólogo.

*1973*

# FEDERICO GARCÍA LORCA

## GENARO ESTRADA

Tenía Federico García Lorca mucho material inédito, entre el cual algunos libros completos. Trabajaba desordenadamente y le importaban un pito los editores y la publicidad. Convencerle de que publicara un libro, de que diera algún poema para las revistas, era trabajo de Hércules. Pescarle en su casa, en el extremo de la calle de Alcalá, era perder el tiempo. A lo mejor desaparecía, lo mismo a las 10 de la mañana que a las 5 de la madrugada, por la carretera de Granada que por la tan opuesta de Tuy.

Tenía muchas cosas que ahora se podrían publicar inmediatamente: dramas, comedias, romancillos, odas, estudios. Pero como si nada. Una vez me leyó, de un tirón, un próximo libro suyo por el cual tenía cierta predilección: *Diván del Tamarit*. El Tamarit se llama una granja que tienen sus padres en la provincia de Granada y que es donde Federico solía pasar largos descansos. En otra vez me confió un cuaderno de poemas inéditos, del estilo de sus *Canciones* (1921-1924). Pude copiar sólo unos pocos, porque por ese tiempo debía yo regresar a México. De esos poemas inéditos publica ahora la revista *Universidad* el segundo de la serie "Herbario", en homenaje al gran poeta, a quien ya se tiene por asesinado en la guerra civil, en la que España se está defendiendo de un absurdo regreso a lo medieval.

*1936*

193

# UN POETA POPULAR

José D. Frías

Sería difícil justificar el epíteto de popular refiriéndonos a la extraordinaria y gongorina y aristocrática elegancia de este poeta, cuyo elogio hacen los editores, a quienes por más buena fe que posean siempre hay que escuchar con relativas salvedades.

Pero, a pesar de ello, como no somos catedráticos, afortunadamente, nos creemos con derecho a calificarle así, porque la raíz de su poesía está hundida en el corazón del pueblo, aunque sus trinos hallen, a veces, en las ramas eminentes una melodía, una transparencia y una emoción generalmente negada a los artistas populares.

Los "ulisidas" —como se autobaptizan los editores—, dicen de este admirable y sobre toda ponderación musical poeta: La calidad, la hondura, la auténtica originalidad, la nitidez, el centelleo de la imagen en la poesía de García Lorca no necesitan subrayarse ni encomiarse.

Es verdad. Pero el público no va a creer, bajo palabra de honor, a los editores. Y, en consecuencia, es necesario demostrar el movimiento andando, conforme al consejo del viejo filósofo.

El libro lleva este título: *Poema del cante jondo* editado por la Compañía Iberoamericana de Publicaciones, Madrid, en las ediciones Ulises.

Yo había leído el *Romancero gitano* con deleite sumo. Me placieron, maravillándome su agilidad, su musicalidad, su recóndita sugestión, su audacia sin jactancia retórica, a pesar de que sobre las mejores páginas del libro tendía su ala sagrada la sombra del autor del *Polifemo* y de las *Soledades*.

Pero ante el deslumbramiento que me produjo el poema del cante jondo, advertí que por diversas maneras la expresión llega a captar el sonido perfecto en las cuerdas más difíciles de los estradivarius que ni Paganini podría sujetar a su técnica omnipotente.

¿No dice, en la primera página:

> Para los barcos de vela
> Sevilla tiene un camino;
> por el agua de Granada
> sólo reman los suspiros...
> Lleva azahar, lleva olivas,
> Andalucía a tus mares?

Y en el poema de la siguiriya gitana de versos pentasílabos y exasílabos, aquella "lluvia oscura de luceros fríos". Y en "La guitarra", el sorprendente inicio:

> Empieza el llanto
> de la guitarra.
> Se rompen las copas
> de la madrugada.

Recordando otros de sus versos, siento como él que por "el aire ascienden espirales de llanto".

Mas ¿qué extraña amargura arrullará el Guadalquivir, para arrancarle esta desoladora queja al poeta majo?

> Sobre el monte pelado un calvario. Agua clara y olivos centenarios.
> Por las callejas hombres embozados, y en las torres veletas gritando.
> Eternamente girando. ¡Oh, pueblo perdido, en la Andalucía del llanto!

Por algo, líneas adelante exclama: "el grito deja en el viento una sombra de ciprés".

Esta manera de ponernos ante los ojos a Sevilla me parece sencillamente extraordinaria, oigámosle:

> Sevilla para herir
> Córdoba para morir...
> ....................

Sevilla para herir....
Bajo el arco del cielo
sobre su llano limpio
dispara la constante
saeta de su río.

Con una falta de respeto que les parecerá sin interés a los desorbitados reformadores de las antiguas normas y demoledores persistentes de creencias de otros siglos, se refiere a lo que llamamos los que aún no hemos olvidado el signo de la cruz, Nuestra Señora, diciendo: Virgen con miriñaque, Virgen de la Soledad, abierta como un inmenso tulipán.

(Ya nuestro grande Ramón López Velarde habíale dicho a la misma virgen, patrona de Zacatecas, su tierra natal: eres un triángulo de sombra; conste.)

Y al maestro de Galilea: Cristo Moreno pasa, lirio de Judea a clavel de España.

Y el eco de la "saeta" llega hasta nosotros:

...¡Miradlo por dónde viene!...
...¡Miradlo por dónde va!...

Cuando su literatura se retuerce más, y podría ser tachado de excesivo artificio nos da esta impresión de la guitarra: hace llorar a los sueños, el sollozo de las almas perdidas se escapa por su boca redonda. Y como la tarántula teje una gran estrella para cazar suspiros, que flotan en su negro aljibe de madera.

Voy apenas glosando la mitad del volumen. No me es posible exhibir algunas de las bellezas que más me agradan como al desgaire.

Me prometo en otro articulillo hablar un poco más comentando el *Poema del cante jondo*, porque este poeta merece toda alabanza, entre otras razones porque nos ha hecho comprender que el arte popular no reside precisamente en el "folklore" falsificado, industrializado, hecho cómplice de una voluntad que sólo desea vivir del presupuesto, bajo fácilmente visibles pretextos revolucionarios.

Dulce poeta Federico García Lorca:

El reparto de tierras en Sevilla, si acaso lo llegan a realizar los que rigen vuestra república os hallará embrujado frente a la doncella hermana, de Fuensanta, Amparo, a quien le decís:

> Oyes los maravillosos
> surtidores de tu patio
> y el débil trino amarillo
> del canario.
> Por la tarde ves temblar
> los cipreses con los pájaros,
> mientras bordas lentamente
> letras sobre el cañamazo.

* * *

P.S. En el verso sólo dos cosas existen, embriagadas: música sola, única, e idea domesticada. Quienes escribimos mejor en verso nos asemejamos a García Lorca a pesar de lo explicativo de sus ascendencias. El caudal de arrullo arrolla el río de su frase que encanta.

Posee por fortuna desmesurada la aguja que imanta y por eso se hace nudo andaluz en mi garganta este elogio que solloza como en el Patio de los Leones en Granada la fuente insomne.

*1932*

198

# [FEDERICO GARCÍA LORCA EN] AUTOBIOGRAFÍA

Eduardo Luquín

Solía yo aparecer por las oficinas de la Embajada en busca de noticias de México. En ocasión de alguna de mis visitas, Francisco Navarro, entonces primer secretario y ahora embajador de México en Turquía, me contó que en una recepción organizada por diplomáticos chilenos, había sido presentado con Federico García Lorca a quien le propuso una reunión en ese café postinero, centro de reunión de damas almidonadas y señoritos estirados, que es Molinero; entrevista que García Lorca aceptó.

—¿Quieres venir con nosotros? —me preguntó.

Yo conocía a García Lorca a través del *Romancero gitano* y recordaba casi íntegramente *La casada infiel*. Hay en la poesía de García Lorca un acento de sencillez y un temblor humano que prefiero a la poesía de ingenieros como le llama Juan Ramón Jiménez.

Había oído hablar de García Lorca en términos equívocos. Unos le presentaban como a un gitano sencillo, cordial y casi candoroso. Otros le señalaban como víctima de extrañas desviaciones sexuales. —Como quiera que resulte el hombre —me decía a mí mismo— no lograría destruir mí admiración por el poeta.

A la hora convenida, nos presentamos Navarro y yo en Molinero. Minutos más tarde apareció García Lorca. Vestía un traje de tela oscura. No advertí en él ninguna afectación ni rebuscamiento. Trascendía sencillez y humildad. Desde el primer momento experimenté la impresión de hallarme en presencia de un viejo amigo. Nuestra conversación se inició al margen de temas baladíes. Hacia las diez de la noche nos encaminamos a un restaurante situado en la Calle de Caballero de Gracia. Navarro eligió una salita acondicionada para albergar a cuatro personas. La charla se desvió hacia la poesía de nuestro invitado. Procuraba eludir y hasta parecía que le molestara cualquier juicio elogioso de su obra. Aprovechando una pausa, puse frente a sus ojos un ejemplar del *Romancero gitano* que me dedicó en los siguientes términos: "Para mi amigo Eduardo Luquín. Recuerdo cariñoso de Federico García Lorca". Los dibujos de su nombre y apellidos evocan por las dimensiones de las iniciales, la imagen de tres guirnaldas prendidas al filo de tres espadas. Un poco más abajo se lee: "Madrid-México. 1934". Como símbolo de confraternidad, dibujó al calce una viñeta en que se hermanan dos frutos del mismo tronco... Después de cenar nos recitó fragmentos de la "Elegía a Sánchez Mejías", cuyo recuerdo empañó los ojos del poeta. Hacia el amanecer, nos encaminamos a un café de la Puerta del Sol donde se hizo servir una taza de chocolate con picatostes.

—Pienso ir a México. Conozco el país por referencias y tengo amigos como Salvador Novo a quien conocí en Buenos Aires.

—Yo regreso a mi tierra dentro de muy pocos días. Me será muy grato saludarlo por allá y desde luego me ofrezco a sus órdenes para lo que quiera mandarme. Aquí tiene usted —añadí alargándole una tarjeta de visita— mi nombre y mis señas.

El poeta sintió seguramente la sinceridad de mi ofrecimiento, pues posó su mano en mi hombro como para sellar un pacto de amistad.

—¿Y para cuándo espera llevar su *Yerma* a la escena? —preguntó Navarro.

—Dentro de diez días; en el Teatro Español. Los espero.

Nos despedimos hacia las tres de la mañana.

El día del estreno, nos instalamos mi mujer y yo en el palco primero. Al pasear la mirada por el lunetario, advertí que se hallaba totalmente ocupado. Junto a nosotros, alguien señalaba con el índice la presencia de Unamuno, de Azorín, de Ortega y Gasset, de la mayoría de las primera figuras de las letras españolas. A medida que avanzaba la representación, el drama de

*Yerma* se apoderaba del auditorio. Al terminar el primer acto, un torrente de espectadores se lanzó hacia el escenario en busca del autor. Anhelante, sudoroso, García Lorca recibía abrazo tras abrazo. Abriéndome paso a codazos, logré llegar hasta él. Al advertir mi presencia, me invitó a acercarme con un ademán. Al abrazarnos, pegó su mejilla empapada en sudor, a la mía apenas un poco menos acuosa que la de él. No volví a verlo, pues apremiado por la falta de recursos para continuar en Madrid, apresuré mi regreso a México. Algún tiempo después de mi arribo, me enteré de que había sido asesinado; noticia que me llenó de pesadumbre.

*1967*

# MOTIVOS SOBRE FEDERICO GARCÍA LORCA

PEDRO DE ALBA

Hace tiempo que renuncié al empeño de ver de cerca a los hombres célebres. Corren versiones sobre la frialdad agresiva de algunos inmortales europeos; una prudente reserva se impone y es mejor conocerlos únicamente por sus obras. Con los intelectuales famosos ocurre lo contrario que con la pintura del paisaje. La impresión inmediata de la naturaleza supera siempre a lo que se nos da en una tela, en un fresco o en un grabado; en cambio el trato directo con ciertos sabios, poetas o filósofos los descubre resecos, desvanecidos o frustrados; si no es que hasta díscolos o mezquinos. Salvo cuando el artista o el hombre de ciencia conserva la amplitud, la frescura y la espontaneidad del campo abierto; entonces la naturaleza y el espíritu forman un todo vivo, fragante y luminoso. Esto último se nos ofrece en el trato con Federico García Lorca.

## ENTREACTO DEL CAFÉ

García Maroto, guía emocional de España, me lleva al rincón de un café de la calle Alcalá, fuera de la zona de los señoritos, de los toreros y de los políticos. En los cafés me siento un inadaptado. Casi un año de ensayos madrileños no me dan la categoría de mediano aficionado a sus tertulias. ¿Quién inventaría el nombre de "Peña" que no me acaba de pasar? En París solía permanecer unas horas de la tarde frente a cualquier cocktail en una terraza de los Campos Elíseos, no sólo por contemplar el desfile crepuscular de las mujeres, sino porque al correr de unos minutos veía ponerse el sol como disco morado, detrás del Arco del Triunfo. Después el avance de la noche con el caudal misterioso de promesas e inquietudes que sólo ofrece la vieja Lutecia.

En este Café de Lyon de Madrid, de vocerío incontenible, de humo denso y de luz opaca me siento enervado. Para ser un buen cliente de estos sitios se necesita traerlo en la sangre: los mestizos de México somos un poco primitivos para comprender el deleite de las tres o cuatro horas de charla frente al aperitivo o al café con leche. He vivido mis horas de café en este Madrid, que cada día comprendo menos, con estoicismo; habré de recordarlas al regreso a mi tierra con una suave nostalgia y un añorante afecto para los amigos que me agregaron a su círculo. El desquite lo encuentro en el hilo de las conversaciones que suelen superar al comentario del día o a la efímera opinión política. Por ahí pasa el soplo de admiración bíblica de García Maroto, español que se consume en el afán de servir a su país. Le reverbera la inteligencia en palabras aceradas, dispara sus flechas con certera puntería a cuanto es postizo, convencional, oportunista y quiere fundir y fundar una sociedad justa, sostenida con doctrinas revolucionarias e iluminada con la llama viva de un fervor castellano que puede ser gemelo del de los místicos de siglos pasados. Manuel Abril cuenta su proyecto de un "teatro caricatura" en el que Arniches, Benavente o los Quintero son y no son y se ven presentes y ausentes; subsistiendo en el fondo la tragedia grotesca, el drama social de vericuetos psicológicos o el ambiente andaluz, según lo que ellos cultivan.

Alguien trae a cuento la discusión sobre la pintura al fresco contra la pintura de caballete; Abril que es un crítico de artes plásticas que conoce su oficio, se subleva contra las corrientes de moda. Es asombroso, dice, que se quiera hacer valer ahora como fundamento de juicio artístico una cuestión de herramientas o de materiales; nunca aceptaré la supremacía del fresco sobre la tela por el hecho en sí mismo, ahora y siempre hay y ha habido geniales o pésimos pintores de frescos y buenos y malos pintores de telas. No se trata de metros cuadrados, las calidades de la pintura se nos imponen por múltiples y variados caminos....

El escultor vanguardista Ángel Ferrand, robusta personalidad física e intelectual, llega con la noticia de que ha organizado la Sociedad de Amigos del Arte Nuevo, y que al fin vendrá a Madrid la Exposición Picasso. Entre uno y otro sorbo de café explica a su vecino con gráficas cabalísticas los varios modos del picassismo, las teorías estéticas y las concepciones ultraístas en que descansa este nuevo modo de ver el mundo. Yo opino que Picasso ve a sus personajes con rayos X y que la naturaleza la descubre a través del espectroscopio. García Lorca se presenta en nuestro rincón, no se detiene mucho tiempo porque siempre "va de pasada", la movilidad le acompaña y además lo solicitan otros grupos. Cuando logramos fijarlo unos momentos, mi espíritu se anima y mi resistencia física crece, porque sé que vamos a entrar en el reinado de la fantasía, del color y de la gracia. Polariza la atención y preside el concurso no porque lo busque o se lo propongan. Él habla, ríe y acciona con naturalidad, sencillez y desenfado. Se hace el desentendido de que lleva sobre sus hombros la fama, la celebridad y el triunfo. Pienso para mí en el prodigio de que aquel garrido mozo, que denuncia en su cara la sangre mora y gitana de tantos milenios, que habla con el acento andaluz de Granada, haya venido a renovar la poesía lírica, el teatro y hasta la música y el canto de su tierra y a colocarse de manera gallarda y fácil entre los poetas consagrados de nuestro siglo. ¿Cómo fue que se produjo ese milagro? ¿En qué crisoles se fundieron sus metales? ¿De dónde adquirió las bases de las técnicas y la eficacia de sus realizaciones? ¿Fueron los alquimistas, los profetas, los músicos árabes; los vagabundos del cante jondo y del baile gitano los que le brindaron sus secretos? Fue todo eso y algo más, el genio y el colorido de Andalucía con su tierra y con sus gentes.

Haber nacido en Granada fue el águila y sol en el destino de García Lorca. Granada, relicario de magnificencia árabe y arrimo para una raza errante de gitanos. Allí quedaron la Alhambra y el Generalife como una muestra de cómo se gozaba el vivir en otros tiempos y allí están también las cuevas de los gitanos en el Sacro Monte y el Albaycín, cepas en las que se prenden raíces de un pueblo humilde y orgulloso; apasionado por el canto, el color, la música y la libertad. Llevo la conversación al tema de Granada, refiero mis descubrimientos de un guitarrista ambulante que tocaba prodigiosamente a Falla, Albéniz y Granados y que recibía con desdén las monedas del transeunte. García Lorca se enciende por dentro y dice sentencioso: "Las guitarras de Sevilla hay que oírlas de día, las de Granada después de media noche"… Granada vive de día para los pintores y de noche para los músicos. La Alhambra emplazada en su montaña era blanca de día y roja por las noches; en otros tiempos los reyes moros encendían hogueras en sus torreones como señal de vigilancia y símbolo de poderío. Cuando la Alhambra fue tomada y expulsados los últimos palaciegos, la nostalgia de un pueblo que tiene sangre árabe se volvió rencóndita y al toque de las guitarras de media noche se recuerdan las luces y los cantos de otros tiempos. García Lorca nos habla de las fiestas nocturnas en el Patio de los Arrayanes, en el jardín de Lindaraja o entre los juegos de aguas del Generalife, allí suenan las guitarras después de media noche, como no suenan en ninguna otra parte. En aquello no hay retórica ni efectismo, es la voz de su pueblo la que habla en él. Este arte de perfiles tan novedosos, refinados e íntimos de García Lorca está nutrido todo él de las esencias populares de Andalucía. El hombre del pueblo andaluz, garboso, elegante, alegre, con un sentido de tragedia y de leyenda. A su complicada urdimbre de razas y castas se agregó en Granada la sangre gitana. Las cuevas de los gitanos son como una alegoría cargada de sugerencias, están agarradas a la entraña misma de la tierra con la desesperación del nómada que no quiere perder el hallazgo de un horizonte que había buscado en peregrinaciones de muchos siglos. García Lorca lleva en sus sangres esas levaduras; su modo de ver y de tratar los temas andaluces no es de fuera, le viene de adentro, con la premura de siglos y de sombras que quieren ser luz y palabra. La Andalucía de García Lorca está muy lejos de lo anecdótico, lo incidental o lo externo, no tiene contacto con el almíbar de los Quintero que cayeron frecuentemente en la trampa de sacrificar los valores auténticos en escarceos de ambiente artificioso o de tarjeta postal.

Romero de Torres, el pintor de Córdoba, que llevó a sus telas mujeres, paisaje y temas de su tierra cae en la excesiva estilización y enfoca su Andalucía a la luz de un flamenquismo atrayente, delicioso desde luego, en el que se pueden descubrir sin embargo, algunas fallas en las calidades fundamentales. Fueron los Machado quienes dieron hace años un tono de gracia y reciedumbre al tema andaluz. Oyendo a García Lorca me acuerdo de Manuel Machado cuando "más que un tal poeta hubiera querido ser un buen banderrillero". En el *Romancero gitano* y en el "Llanto por la muerte de Ignacio Sánchez Mejías", pasan las sombras de toreros envueltas en la gloria o en la tragedia; seguidas de "alegrías" o de responsos cantados en cante jondo. La conversación se vuelve solemne y pintoresca, García Lorca ataca al mismo tiempo el tema de los toreros y el de los "tocaores" y "bailaores" del flamenco. Fue en Cádiz, nos dice, donde Sánchez Mejías me llevó a una taberna del puerto. Se convidó a los guitarristas callejeros, a los cargadores, a las celestinas y a las mozas del barrio a un rato de jaleo. Comienzan las peteneras que traen algo del cante de América, los fandanguillos, soleares y bulerías y aquello se va animando. Circula la manzanilla y se opina y se discute sobre lo mejor del flamenquismo y se hace una rueda para que cada uno ponga su muestra. De pronto un chavalillo de seis a ocho años se coloca al centro y empieza a bailar, como se baila el flamenco, con la cintura, con los brazos, con el gesto, con un movimiento de pies apenas perceptible. Aquel chico fue el ganador de la jornada. Le ofrecieron unos duros y no los quiso y con acento gitano dijo: "Yo sólo quiero comer…" Qué raza, qué pueblo elegante, orgulloso, artista a pesar del hambre, dice García Lorca y se le llenan los ojos de lágrimas, no sabemos si por la hazaña del chavalillo gaditano o por el recuerdo de Ignacio Sánchez Mejías… Relata luego historias fabulosas de millonarios enamorados de gitanas; la crónica de oro de los cantaores y bailaores de flamenco más célebres desde el "Mochuelo" y el "Burrero" hasta la madre de los Gallos y Pastora Imperio.

Esta corriente popular es el venero vital de la lírica de García Lorca que se une a su fidelidad y a su conocimiento de los valores inmortales de las letras españolas. En los clásicos sigue la pista de Barceo, del Arcipreste, de Cervantes, de Quevedo, de Lope y de Zorrilla. Clérigos, juglares, trovadores y aventureros que recogieron también el aliento de la musa popular.

De esas canteras espirituales y de la identidad apasionada con sus campos de Andalucía ha desprendido García Lorca los personajes de *Yerma*, *Bodas de sangre*, *Doña Rosita*; los ha creado con vida perdurable por obra de la gracia, de la fuerza y del amor. La combustión interior del poeta apenas va llegando a la plenitud; quedan en su alcázar interior los tesoros inagotables de los califas árabes, de los reyes de tribus gitanas y de los recios caballeros castellanos, exploradores de mundos desconocidos.

*1936*

# LOPE DE VEGA Y GARCÍA LORCA

RAFAEL LÓPEZ

¿Puede amor cambiar en sabia a una dama boba y en necia a una discreta? ¿Puede, con su invisible poder, de una cabeza a pájaros hacer una inteligencia reflexiva y emocionada? ¿Puede, en fin, con el desconcierto que pone en los corazones femeninos, volver débil e irritable y loca al ejemplo de la ponderación y el juicio?

Lope de Vega se hace esta pregunta en el desarrollo del tema de *La dama boba*; mejor dicho, demuestra al espectador complacido y sonriente, los estragos de ese Eros cortesano y suave del Siglo de Oro, que se mueve en medio de sedas y caravanas y peinados altos, entre todo ese mundo siempre convencional, retórico, sin llegar jamás a las crisis dramáticas que acaban con las palabras, que ahogan la respiración, que ponen trémulos los miembros.

En medio de los propios decorados, que siempre dan la sensación de un marco donde tenemos un retrato viviente, se encuadra la fingida tontería de Margarita Xirgu, detrás de lo que se palpa casi la justa dirección de Cipriano Rivas Cherif, que resuelve todos los conflictos de los cuerpos como un pintor, distribuyendo los volúmenes con armonía y gracia, dando a los colores un acuerdo justo y delicado, haciendo que los ademanes de los actores obedezcan a esa lenta música superficial que imprime un sello a toda la obra.

García Lorca acierta otra vez. Acierta en el arreglo. Hasta la música es adaptada por este gitano universal, y él mismo compuso, dentro del estilo de la época, algunas melodías. La obra aparece seguramente sin aquellas cosas que la harían muy particular, incluso, quizá, sin alusiones a temas que no se entenderían sin erudición o antecedentes, y acabando, probablemente, un poco, con ciertos desarrollos o digresiones que a veces dan un carácter demasiado histórico a las obras de ese tiempo.

Pero el que está a la altura de Lope es el mismo Lope de Vega. El conflicto de siempre de una doncella ligera, tonta e ignorante, dueña de un hermoso cuerpo y un hermoso rostro y bruscas maneras, que se va puliendo a su pesar e insensiblemente por ese artífice que es el amor. Hasta que llega el momento en que su voz se hace tierna, sus maneras lánguidas, en que su pecho se levanta en una marea de suspiros y adquiere, de golpe, la sabiduría completa de la mujer y la hembra. A su lado, una hermosa letrada, exquisita, aparta a los hombres por su misma virtud, después de atraerlos un momento. Y propicia la escena en segundo plano de las relaciones de los criados que repiten la aventura de los amos.

Lope de Vega, en medio de la poesía larga y continua que vierte en esta pieza, hace una crítica a las formas literarias en que se quemaron mucho tiempo los amantes de entonces. El espíritu caballeresco, noble, romántico sólo sabe expresarse en sonetos. Y las mujeres se desvanecen con estas armas perjudiciales. Pero esta comedia que es casi una farsa, termina con un *happy-end* precursor de los que vemos día a día en el cine. La dama boba se ilumina en la pasión y conquista un marido valida de dos o tres estratagemas; la dama pulida y fina también responde a la solicitud de un amante despreciado; la doncella boba halla en un escudero el maestro de su ignorancia y el ama de la casa realiza asimismo su deseo con otro de los criados. La figura del padre viene a ser como un corolario de esta convencional felicidad y si bien de sus labios brotan en ocasiones muestras de ciencia humana, su propia ciencia lo lleva a condescender con la realidad opuesta.

Lope perfeccionó el teatro. Sin embargo, en esta pieza se encuentran aún recursos que indican el tiempo de su hechura. Un ambiente parco y fiel retrata esos días lopescos. *La dama boba* nos trae un gentil perfume de la sensibilidad española y nuestra con un tema imperecedero.

*1936*

210

# VIDA TEATRAL

## Rafael Sánchez de Ocaña

Para juzgar, que vale tanto como deleitarse, la bellísima y delicada comedia, debida al inspirado y vario ingenio de García Lorca, precisa situar a Doña Rosita en su época —1895-1915— que aunque no muy lejana en lo que al tiempo atañe, se halla separada de nosotros por dos hechos de trascendencia histórica, cuyas resonancias llegaron hasta los rincones más apartados, produciendo hondas transformaciones en el pensar, sentir y querer de hombres y mujeres: la Guerra Europea y la Revolución Rusa. Desde entonces, quiérase o no, de modo consciente o involuntario hemos cambiado en todo o en parte el contenido de nuestra propia intimidad espiritual y el ritmo de nuestras costumbres. Bajo el signo agresivo y guerrero de un filósofo, Federico Nietzsche, ha surgido un nuevo estilo de vida, fundado en la exaltación de la personalidad. Libres de fantasmas religiosos y de prejuicios sociales, hoy cada uno anhela vivir su vida, y de manera veloz.

Pero Doña Rosita se abre a las inquietudes del amor, o lo de que por tal se tiene, hace medio siglo, en un ambiente español, provinciano, lleno de respeto a la tradición, de timidez y de pudor, último refugio de un romanticismo trasnochado. Pues al decir de testigos que tejen la historia con sus confidencias verbales, por aquellos años, una señorita por puro que fuese su amor y encendido su deseo, habría de ocultarlo como pecaminoso. Una mirada insistente o un furtivo apretón de manos, por excesivos se reputaban fronterizos de libertinaje. Huelga decir, que semejantes expansiones debían encauzarse por el honesto conducto de ese ser, un tanto extraño y otro más ridículo, que en lenguaje prematrimonial se denomina novio. Por entonces el flirt era desconocido. El cine con los ejemplos que ofrecía en la pantalla y protegía en la oscuridad, aún no había modificado nuestra concepción del amor y de ese tal aliado el beso.

Nuestra señorita española, burguesa y provinciana, fija su sino amoroso con un primo que parte a las lejanas tierras de Tucumán, que en el siglo XVIII visitó Cándido, porque así lo dispuso Voltaire. El tiempo pasa llevándose ilusiones y trayendo hastío; por poco galante va marchitando cuerpos jóvenes y siembra arrugas con indiscreta prodigalidad. Así suave y calladamente Rosita espera, Rosita envejece, y cuando al fin sabe la traición de su prometido, con pesares muy hondos se resigna a rumiar la insignificancia de su destino roto; la solterona a horcajadas sobre la virtud, fiel a un recuerdo, no llega a mujer.

Vida sencilla, humilde, que ofrece aspectos cómicos y sentimentales, que mueve a risa y despierta emoción, evoca nostalgias y nos envuelve en desgarradora melancolía, pues García Lorca que a la vez logra que sigamos con simpático interés la suerte de sus compañeras de infortunio, ayudado por la música, las modas, pertinentes alusiones y personajes representativos, crea un sugestivo ambiente de época, en donde se concibe a Rosita, se la comprende y se la compadece.

Hoy el tipo de solterona o quedada análogo al imaginario por García Lorca, es algo así como un ejemplar raro de la fauna femenina, amenazado de extinción. A la par de las masas, con gesto audaz, se rebelaron las hijas de Eva en busca de su propia felicidad, ahuyentando sombras y pisando cadenas con sus lindos y nerviosos pies.

La comedia en prosa y en verso es tan bella, graciosa y tierna, que triunfó con los honores máximos que otorga nuestro público, un poco frío habitualmente en sus manifestaciones de entusiasmo. El arte espléndido de Margarita Xirgu, por esta vez fue todo intimidad y acento humano, reflejándose en el tono menor que requería la vida de Doña Rosita; labor de filigrana por la riqueza de matices y suavidad de expresión, para culminar en momentos dramáticos de intensa melancolía. El resto de los intérpretes desempeñaron sus papeles de modo perfecto: pero justo es recordar con elogio a Amalia Sánchez Ariño, Isabel Pradas, Antoñita Calderón, Amelia de la Torre, Alejandro Maximino, Alberto Contreras y José Cañizares.

En cuanto a trajes de época, diseñados por Fontanal, decorados, efectos musicales y en general la atmósfera en que se desarrolla la obra, es un alarde de maestría escénica y comprensión artística de Cipriano Rivas Cherif. Aunque por escépticos y respetuosos del gusto ajeno, nos abstenemos de dar consejos al lector, por esta vez rompemos nuestra reserva, e invitamos a los verdaderos aficionados, a admirar a Doña Rosita y a sus intérpretes.

*1936*

# FEDERICO GARCÍA LORCA-MARGARITA XIRGU-RIVAS CHERIF

## JULIO BRACHO

Alguien considera "la decadencia" como el signo indiscutible "del renacimiento". En cualquiera de los aspectos de la vida humana esta ley parece cumplirse: allí donde vemos que la actividad se debate en una agonía, ante la cual los escépticos de todos los tiempos suspiran y se cruzan de brazos, el milagro se realiza, y aquel momento que parecía de muerte es de resurrección.

Tal es el caso actual del teatro español: de ese náufrago que desde hace años venía gritando hacia la playa, al parecer desierta, su desesperada lucha por la vida ante el abismo, sin que nadie escuchara su grito o sin que alguien —escuchándolo— se lanzara al peligro. Por instinto, los únicos que sentían las angustias del náufrago se reunieron en una misma barca, y deshaciendo las amarras se lanzaron a la tormenta, fiados en el único destino de la belleza de su acción. Después, rescatado el náufrago, empapado su cuerpo en sal marina, fortalecido su espíritu por el ímpetu sobrehumano de la lucha desigual con las fuerzas ciegas que lo sujetaban, llevando en la mirada el vértigo del abismo, descubre un nuevo sentido de la vida y se adelanta confiado y sereno al encuentro del sol, que ya asciende por el horizonte para calentarle los huesos.

Y el hecho que analizamos no es un bello sueño el que, con sobresalto, se vuelve a la realidad. Es la realidad misma de la que se asciende, sereno, al ensueño. La ascención puede tardar —años, meses— pero el sueño nuevo será largo.

215

* * *

El teatro español *renace*, y con un ímpetu, con una violencia, con una fe en su propio destino, que, girando, conmueve ya la estabilidad del aire que lo envuelve, formará pronto remolino, torbellino, y arrastrará después a su alrededor a cuantos se atrevan a desafiar su paso. Nos referimos a la intención creadora, revolucionaria, bella y audaz que encarna en la juventud espiritual de España, cuya voz escuchamos ayer con emoción profunda a través de esa trinidad que es un solo espíritu: García Lorca-Margarita Xirgu-Rivas Cherif; el espíritu de un nuevo teatro de España.

Ante la representación de *Yerma*, el poema trágico de García Lorca, escenificado con mano maestra por Cipriano Rivas Cherif, a cuyo modelado se abandona, dócil, el arte de Margarita Xirgu y el de esos intérpretes (que son ya nuevos intérpretes de un teatro nuevo), no pudimos menos que analizar en todos sus aspectos la bella realidad que palpábamos. Porque el teatro de Margarita Xirgu y de Rivas Cherif tiene múltiples aspectos.

Amplio en su visión, está trazado con un sentido universal: vuelve los ojos al teatro de todos los tiempos y lo revive, asimilándolo al presente, y recoge el teatro del presente que puede ser, y es, de todos los tiempos. Por eso hace suyo al poeta García Lorca en esa identificación admirable del creador con el intérprete para, transformado en arte, devolver al pueblo —de España, de América, del mundo, de hoy y de mañana— lo que el pueblo mismo, inconsciente en su conciencia anónima, expresa por boca de su poeta. Así, Margarita Xirgu y Rivas Cherif rebelándose, se revelan, y, arrojando la máscara miserable que los demás aceptan resignados, se presentan, ya, al espectador de todas las latitudes, con una máscara de gesto nuevo, sin que por esto olviden que la miopía o la costumbre de no ver, transformada en inactividad visual, pueda traducir en mueca grotesca el gesto heroico de la máscara que se han modelado.

Porque los creadores de este teatro han modelado para sí una nueva máscara, a la medida del espíritu que intentaba expresarse en vano en el gesto indiferente de la que tenían a la mano: la única que podía darles el medio que los rodeaba. El gesto de su máscara es auténtico, propio, inconfundible, bello, y, para quienes ahondamos en el proceso de su gestación, el gesto es heroico.

* * *

Piénsese que Margarita Xirgu, actriz hace muchos años consagrada como una de las glorias del teatro catalán y del castellano, abandona la cómoda postura de la fama, se despoja valientemente de todo aquello que para muchos más es un galardón y para ella sólo un lastre que la sujeta, es decir, de todos los "prejuicios" que las figuras "consagradas" consideran intocables, llámense vanidad ciega o autoridad absoluta, y que volviendo el rostro, rompe con un solo gesto la tradición, renueva el aire que la ahoga, deja vencer en sí misma sobre los cánones establecidos, que para todos son dogma, el ímpetu de renovación que la consume, grita con su ejemplo la verdad que busca y que debe buscarse, y exhibe, en fin, la mentira artística en que los demás viven —o mueren— realizando en sí misma (en su esencia de artista y en las disciplinas que la traducen) una renovación íntegra; y todo ello sin otra intensión que la heroica de contribuir al renacimiento del teatro en España. ¡Con razón la mediocridad, esa gorda señora de siempre, sintiendo que su cómoda poltrona se tambalea, ha hecho víctima a Margarita Xirgu, basta con la calumnia, por el único delito de adelantar el pie más allá de la raya.

* * *

Piénsese por otra parte que para modelar su máscara Rivas Cherif necesita barro nuevo, y que, teniendo a la mano el que se le ofrecía, seco, inservible para adquirir la forma del molde tuvo que transformar en nuevo el viejo. Fue así como surgieron, por renovación o nacimiento, los intérpretes de la compañía Xirgu-

Rivas Cherif. A ninguno de los espectadores habrá escapado que los intérpretes de este teatro están educados en las normas de una nueva escuela, totalmente diversa de aquella que hoy priva en el resto de los escenarios de España —y de México—, escuela que adopta su propia actitud ante la llamada enfáticamente "profesional", cuyas "virtudes" parecen fincar en el engolamiento de la voz, en la ampulosidad del ademán, en la ausencia de todo sentido plástico, en la anarquía escénica, en el antojo y el capricho individual del intérprete, en los latiguillos insufribles y en unas cuantas lindezas más. ¿Por la asimilación de esta nueva disciplina, hija, no de la impreparación como muchos quieran decir —todo lo contrario— sino de un nuevo sentido del teatro, de una aceptación consciente, absolutamente consciente, de las exigencias de una nueva estética que por primera vez transforma al intérprete español en intérprete universal, se ha pretendido en España —y en México en otras ocasiones— esgrimir como argumento "decisivo" el mote "aficionados" para designar despectivamente a quienes no engolan la voz, ni son anárquicos, ni se abandonan a los vicios escénicos del actor profesional —profesionista. Es tiempo de poner en juego las nuevas tablas de valores.

Cipriano Rivas Cherif como animador escénico tiene una sensibilidad artística sorprendente. Su impulso creador se adivina detrás de cada movimiento del intérprete, detrás de cada palabra, de cada gesto. El equilibrio escénico, que se perfila apenas abierta la cortina, se mantiene inalterable aún después de que ésta se ha cerrado. La ficción se desenvuelve en ritmos lentos o precipitados, a través de la voz violenta o del silencio admirablemente prolongado, del valor dinámico de las actitudes del intérprete o de su valor estático, de concordancias o de contrastes, de la composición plástica o del mundo de imágenes que surge de la palabra bella, bellamente dicha. No existe una sola duda porque todo ha sido previamente visto, estudiado, equilibrado; el espíritu ordenador de Rivas Cherif no admite titubeos. En una palabra, es el teatro nuevo del mundo que a través de este exquisito director, se asimila al anacrónico teatro de España, infundiéndole vida propia y sentido universal.

\* \* \*

El otro vértice del triángulo, el otro creador que afirma el síntoma inequívoco del renacimiento del teatro español, es el poeta Federico García Lorca, cuyo espíritu —dice el mismo Rivas Cherif— tiene hondas semejanzas con el propio Lope de Vega: como él, García Lorca es esa voz profunda en la que se escucha el silencio del pueblo.

*Yerma* es un poema trágico, sacudido por una lujuria de bellezas poéticas, que lleva al espectador —con todo lo que tiene de ternura, de odio, de rebeldía inútil y de impotencia— el dolor desesperado de una mujer infecunda, estéril, seca —para emplear palabras del propio poeta— cuya conciencia tremenda y trágica de la inutilidad de lo único útil de su cuerpo, nunca calmada por la resignación, está puesta en conflicto que adquiere proporciones delirantes, con la fecundidad de todo lo que la rodea —mujeres, animales, campo y nubes— y con ese sentido, "casi anormal", pero profundamente racial, de la honra, que le impide abrir la única puerta de escape: la aceptación furtiva de "otro hombre".

Por el clima dramático en que el poeta lo desenvuelve, por el sentido universal que le presta el aliento de la raza española, por la riqueza poética de Lorca, quien rescata para el idioma palabras y figuras poéticas que la hipocresía burguesa consideraba "de mal gusto", "malsonantes" y hasta "obscenas", el conflicto de la mujer yerma adquiere de una manera casi insensible las proporciones de todo arte verdadero, de éste nuevo de España que fue ayer el de Lope, y que presagia el renacimiento del teatro español. (Dejamos para otra ocasión el análisis, como tal, del teatro de García Lorca, de su técnica, de su intención. Hoy señalamos solamente su espíritu.)

\* \* \*

Como resultado del choque creador de las individualidades vigorosas que apuntamos, he allí, en el espectáculo del escenario del Palacio de Bellas Artes, un arte auténtico que sólo pide del público de México "comprensión", según la palabra justa de Rivas Cherif, su animador. Estamos seguros que la tendrá, no sólo porque en diversas ocasiones aquél se ha acercado, ya, aunque tímido, a esfuerzos de renovación, semejantes, sino porque esta vez no encontrará defraudada su inquietud, como en tantas y tantas ocasiones diversas, en que —extranjeros y mexicanos— le han prometido, con engaño, un nuevo teatro.

He allí, por último, un esfuerzo admirable, mantenido dentro de una absoluta dignidad artística, que por identificarse en intenciones, esencia y disciplinas, con los que venimos pretendiendo dar a México un teatro nuestro dentro de los conceptos de una estética revolucionaria, es un ejemplo fecundo que nos afirma en la verdad que perseguimos y nos lanza a su conquista con nuevos bríos; que exhibe, por otra parte, en toda su desnudez la miseria artística del teatro que se nos "cocina", y que, por último, abre horizontes al poeta dramático para lanzarlo al contacto vivo del pueblo, único que puede darle el germen fecundo de un teatro mexicano.

*1936*

# DOÑA ROSITA Y LAS FLORES

JOSÉ ATTOLINI

## I

Con la segunda obra que se estrena en el Palacio de las Bellas Artes de Federico García Lorca, me he convencido de que el poeta granadino es algo más que un poeta: un brujo.

Se encierra en su cuarto de trabajo. Espera a que llegue la noche. Y con la noche la hora de los aquelarres. Se quita la americana —que por acá se llama saco— y se arremanga la manga de la camisa en el brazo derecho. Es preciso cumplir con todos los requisitos de la magia...

Escucha hasta darse cuenta de que nadie lo escucha. Casi sin luz, pronuncia trece o más palabras incomprensibles que crean la atmósfera propicia... e introduce el puño de su brazo derecho al fondo de su poema trágico, de su *Yerma*, y lo saca vuelto del revés... se ha convertido en una comedia poética que lleva por nombre el, tan inmenso como doloroso, de *Doña Rosita la soltera o El lenguaje de las flores*.

## II

Los matices secos, áridos, que insisten en esterilizar a Yerma, se han disipado y en su lugar se encienden los colores más alegres y menos fríos.

Lo que en la otra obra era hondo, profundo, en ésta se vuelve pintoresco, durante los dos primeros actos.

El poeta andaluz se complace en el detalle de la costumbre anacrónica que no puede por menos, suscitar, si no una sonrisa, sí una risa —aunque sea menos inteligente.

Es así que cunde lo cursi de un romanticismo ya exhausto, que extinguió muchos fuegos de pasión con la ayuda del viento helado que extiende el olvido que se genera en el tiempo.

## III

La esterilidad de Yerma y la doncellez cada día más antigua de Rosita, no son más que las dos caras de un mismo problema social.

Para la soltera, el único recurso que su tiempo y la costumbre le facilitan es el matrimonio. El matrimonio era la sola solución que le quedaba a una muchacha del siglo pasado que no había nacido para meterse a monja; sino para vivir, para cumplir la razón de ser de su existencia. Tal vez la maternidad.

A quien se le cerraba ese camino —el matrimonio— no le sucedía nada que no fuera marchitarse día con día hasta quedar deshojada por la noche, después de una cumbre de fuego y de una tarde en que se quedó blanca como la sal.

Ni Rosita, ni Yerma pueden agotar lo mejor que llevan porque la opinión pública, el estúpido prejuicio social, lo prohíbe.

## IV

La comedia poética de que trato carece de argumento. No se puede considerar como argumento un pretexto para desatar bellos ritmos, rimar dulces rimas y extender miriñaques prolongados por cintas y encajes.

García Lorca, antes que escritor teatral, es un poeta y nunca lo dejará de ser.

*Doña Rosita la soltera o El lenguaje de las flores* se debe plastificar, en rigor, no como comedia poética, sino como poesía cómica.

Siendo el segundo, el acto más espectacular, se resiente la obra de falta de unidad al violentar un contraste tan enorme como el que se quiebra después de aquella vistosa melopea, en que Rosita se entrega roja de sazón y choca contra la cruda soledad en que se va quedando, durante el transcurso del tercer acto, la casa donde ella vivió la que pudo ser mejor edad de su vida. Y no fue más que el proceso ininterrumpido de su virginidad, consagrada, por la generación que le seguía, con ese respetuoso "doña", que es la última y peor de las tristezas que podía experimentar una solterona del siglo que, felizmente, se fue.

## V

*Doña Rosita la soltera o El Lenguaje de las flores*, no sólo se puede tomar como una crítica tardía del siglo que dobló la esquina del presente; sino que —surtida de color y poesía— arraiga en lo popular por medio de los exorcismos del alma y se derrama en facilidad para todos.

Carece de las complicaciones vitales de *Yerma*, mientras se despide como un dulce poema intrascendente que logró cautivar espíritus tan urgidos como éstos del siglo veinte que ya no tienen tiempo para amar.

*1936*

# FEDERICO GARCÍA LORCA

XAVIER SORONDO

Durante días y semanas abrigamos la esperanza de que el poeta hubiera escapado de las iras políticas y se encontrara a salvo en algún rincón de España. No ha sido así, sin embargo. Todas las noticias posteriores confirman su muerte. Lo fusilaron las tropas rebeldes.

Es una vergüenza, porque Federico García Lorca era uno de los más altos exponentes de la intelectualidad de su país. Muy joven, aún, había, no obstante, conquistado una reputación que podríamos llamar mundial con las limitaciones que tienen los que escriben en español. Los autores de otras nacionalidades cuentan con una clientela repartida en los cinco continentes, y las traducciones de sus obras invaden inmediatamente los mercados iberoamericanos. Los españoles, no; y mucho menos los de estas Repúblicas. La popularidad mayor alcanza de México a la Patagonia.

García Lorca era conocido en América antes de que emprendiera su gira por las tierras del Sur; pero después de sus éxitos en la Argentina, Uruguay y otros países australes, creció su renombre y comenzó a penetrar en esta ciudad un poco más allá de ciertos grupos de escritores. Tuvo entusiastas panegiristas entre nosotros y debo citar a mi querido amigo Vicente Medina, que "dice" los versos de García Lorca con unción y comunicándoles hasta cierto flamenquismo que corresponde al cuadro de la lírica del poeta gitano. Llegaron sus libros. Los trajeron de España Pepe Elguero y Pepe Elizondo, ambos grandes admiradores de García Lorca, y uno de los últimos ejemplares, con dedicatoria amable para nuestro gran poeta Rafael López, se lo dejó el vate José D. Frías en quién sabe qué lugar de olvido transitorio, donde gustaba de dialogar consigo mismo antes de hacerlo cara a cara con la muerte... y seguramente con el propio Federico García Lorca.

Era inquieto y emprendedor. Hace algunos años formó una compañía de teatro y recorrió la península representando sus obras y las de los mejores autores. Se trataba de una aventura romántica. No había intereses mezquinos de por medio. Muchachos y muchachas, alegres optimistas y, sobre todo, inflamados por la emotividad del poeta, realizaron la gira. Se dice que tuvieron buena acogida por doquier. Llevaban por encima de ellos mismos la divisa del arte.

El teatro le sedujo siempre. La compañía española de Margarita Xirgu, en su reciente estancia en esta capital, nos dio a conocer varias de sus producciones, desde el drama descarnado de *Yerma* hasta la poesía de *Doña Rosita la soltera o El lenguaje de las flores*.

Bajaba con facilidad de buceador experimentado a los abismos del alma humana y al encontrarse con los más bajos sentimientos, hallaba siempre la forma de dignificarlos. No rehuía el contacto viscoso de las cosas innobles, pero no se refocilaba en los estercoleros de Job. Le salvaba su condición de poeta. Hubiera dicho la metálica metáfora de Salvador Díaz Mirón:

> Hay plumajes que cruzan el pantano
> y no se manchan; mi plumaje es de ésos...

Halló García Lorca un panino virgen para su inspiración: la gitanería. No las cosas de merendero sevillano, ni castañuelas ni chatos de manzanilla, ni toreros, ni madroños saltando al compás de las seguidillas. No. Más atrás y más adentro. Hervores de pasión de esa raza misteriosa que lleva en el verde aceituna de la cara y en la lumbre negra de los ojos el caldeamiento de los soles egipcios. Nómades faraónicos que han venido atravesando países, tal vez desde las riberas del Indus, con sus coloridas vestiduras bohemias, sus caballos trasquilados, sus carros de toldos remendados, sus cazos y cacerolas de cobre y sus sartas de monedas de oro.

Los gitanos de España, más católicos que los nativos, se abren de brazos ante la Macarena, para pedirle los milagros más absurdos, mientras las mujeres de la tribu, con sus pañuelos de yerbas, sus corales y sus voces roncas, cantan y bailan en la zambra con un ardor alquitarado a través de las generaciones zíngaras. Siempre han poseído los gitanos el sentido de la música y de la improvisación poética. En su lengua, descendiente del sánscrito en sus raíces, pero salpicada de modismos internacionales, cuentan sus aventuras de amor y sus duelos pasionales. Y al son de sus guitarras bravías y de sus panderos escandalosos, danzan las mujeres morenas y esbeltas, como víboras del desierto, quebrando la cintura, sacando los pechos y ofreciendo el vientre en reminiscencias subconscientes de los bailes orientales.

García Lorca fue el cantor de los gitanos, hasta animar figuras como el "hijo y nieto de Camborios", que hoy tiene una personalidad inconfundible. Pero no consistió su secreto, como es natural, nada más en alzar en sus manos de artista estas figuras de barro sevillano y presentarlas a la consideración del público. La médula de los versos de García Lorca está en la originalidad de sus giros y más bien en la gracia gitana de sus adjetivos. Sus romances tienen un movimiento peculiar. Dejan caer, al desgaire, con munificencia de nómade que encuentra allá lo que tira aquí, palabras que suenan como monedas de oro, y sus metáforas parecen mantas de colores con broches de plata. Sus blancos caballos árabes cruzan con el gitano en el lomo por las ferias animadas, en tanto que las hembras de la raza, de un sensualismo acre, dicen la "buena ventura" y aun a veces, en noches oscuras, muestran sus muslos de leche por las quebradas del río.

Lamentable fin de un poeta excelso como Federico García Lorca, sacrificado por las cóleras sin sentido. ¡Cuánto hubiera escrito todavía este hombre de pocos años que tenía sobre la frente el signo de los dioses!

*1936*

227

# TERCIA DE ASES. FEDERICO GARCÍA LORCA

ALFONSO JUNCO

Federico García Lorca —poeta cuya muerte siento yo bastante más que la casi totalidad de los que la han gritado con ánimo de secta—, estuvo mal buscado como bandera de los rojos.

Tenía el hombre raíz católica y hasta cantó alguna vez al Santísimo Sacramento. La moral no andaba a gran altura, pero nunca le dio por la irreligión profesional. Amistades literarias —principalmente la de Alberti— pudieron llevarlo, en los últimos tiempos, a presentarse en tal cual asamblea o fiesta rojiza. Quien lo oyó me dice que en una de ellas recitó García Lorca su "Romance de la Guardia Civil": parece que no pudieron hallarle cosa más revolucionaria ni avanzada...

Sobre su muerte corren vaguedades, fantasías, declamaciones. Yo no conozco relato fehaciente, con datos precisos. ¿Estaba García Lorca en su casa o refugiado con algún comunicante? ¿Tomo participación en algún encuentro? ¿Supieron de antemano que era él o cayó anónimamente?

Mientras llegan, si los hay, datos concretos y esclarecimientos posteriores, reproduzco las palabras con que el general Franco, hace ya muchos meses, habló de la muerte de García Lorca en la entrevista concedida a don Ricardo Sáenz Hayes para *La Prensa*, de Buenos Aires:

> En los momentos primeros de la revolución en Granada, ese escritor murió mezclado con los revoltosos: son los accidentes naturales de la guerra.
>
> Granada estuvo sitiada durante muchos días, y la locura de las autoridades republicanas, repartiendo armas a la gente, dio lugar a chispazos en el interior de la ciudad, en alguno de los cuales perdió la vida el poeta granadino.

Como poeta su pérdida ha sido lamentable, y la propaganda roja ha hecho pendón de este accidente, explotando la sensibilidad del mundo intelectual; en cambio, esa gente no habla de cómo fueron asesinados fríamente, con saña que pone espanto en el ánimo más templado, don José Calvo Sotelo, don Víctor Pradera, don José Polo Benito, el duque de Canalejas, don Honorio Maura, don Francisco Valdés, don Rufino Blanco, don Manuel Bueno, don José María Alviñana, don Ramiro de Maeztu, don Pedro Muñoz Seca, don Pedro Mourlane Michelena, don Antonio Bermúdez Cañete, don Rafael Salazar Alonso, don Alfonso Rodríguez Santamaría (presidente de la Asociación de La Prensa), don Melquiades Álvarez, don Enrique Estévez Ortega, don Federico Salmón, padre Zacarias G. Villadas, don Fernando de la Quadra Salcedo, don Gregorio de la Balparda y tantos otros cuya lista haría interminable esta contestación.

Queda dicho que no hemos fusilado a ningún poeta.

El comentario es obvio.

¿Qué persona de buena fe puede equiparar o poner en igual plano una muerte aislada, probablemente incidental, seguramente no ordenada ni prevista por las autoridades superiores, frente a la legión de intelectuales matados expresamente, con terco y sistemático designio, ya dentro de las cárceles al cuidado del gobierno azañista, ya en otras circunstancias y formas que salpican de infamia a las autoridades cómplices?

¿Y qué género de probidad puede haber en quienes escandalizan con alharaca ante lo uno y se sumen en obstinada mudez ante lo otro?

*1939*

# MAPA DE AFLUENTES
## EN LA OBRA POÉTICA DE FEDERICO GARCÍA LORCA

### Rafael Solana

Más que español, se hace necesario llamar a García Lorca poeta andaluz, por cuanto que no puede explicarse la mejor parte de su poesía sin las profundas raíces que la fijan a la tierra en que nació y vivió el poeta. Toda una gran fase de la obra del granadino presenta un tan marcado sabor popular, una tan honda influencia del aire respirado, que solamente en función de Andalucía, sus luces y sus escritores, puede entendérsela.

Ya las primeras producciones de García Lorca denuncian una lectura enamorada y fecunda en solicitaciones del mayor poeta andaluz, Juan Ramón Jiménez, el maestro innegable de toda la moderna generación, y cuya marca ningún contemporáneo ha podido ocultar. Cierto que el género "canción" fue llevado por García Lorca a un nuevo terreno, mucho más imaginativo, de una concisión que abarca mundos más extensos: verdad que Federico supo imprimir una inmensa originalidad a sus creaciones: pero en el fondo, la forma brevísima, en metros cortos y de sabor popular —todo tan en violento contraste con el género de poesía postparnasiana en boga entonces— y el sentido, de una conmovida ternura hacia las pequeñas cosas que nos rodean, muestran con diáfana claridad la mano del gran maestro de Palos de Moguer. En el libro *Canciones* es muy visible la huella de Juan Ramón Jiménez. En *Primeras canciones* se siente un poco menos, no porque fuera menor en su tiempo (recordemos que el libro *Primeras canciones*, aunque publicado muchos años más tarde, fue escrito antes que *Canciones*), sino porque el discípulo era menos hábil para seguir al maestro, y sólo de lejos y en forma incipiente se acoge a su sombra.

Pero seguramente no fue sólo la autoridad de Juan Ramón Jiménez quien impulsó a García Lorca a escribir dentro del estilo "canción", sino el gusto adquirido en sus estudios de cantares populares, y el alma misma de Andalucía, propensa a resolverse en pequeños poemas, como los que la sabiduría del pueblo ha venido destilando desde siglos en refranes, coplas, soleares, romances de ciego y otros géneros, de brevedad exquisita y certera concisión. Rafael Alberti, tan andaluz como Jiménez y García Lorca, usa mucho de estas medidas en sus libros de juventud. Lo que en Alberti es alegre despreocupación, canto juvenil y deportivo, en Juan Ramón Jiménez es honda ternura, profundo sentimiento poético, estados conmovidos del espíritu y del paisaje; en García Lorca no es ninguna de estas cosas, sino la que menos podía esperarse en versos tan breves: es ambición, vuelo amplio; figuras de dilatado desarrollo y anchas alas, comprometidas en unas cuantas sílabas, llenas de la gracia tradicional de la poesía andaluza, y empapadas, al mismo tiempo, en la novedad y el brillo casi duro, metálico, de la poesía moderna.

Si nos detenemos un momento a considerar las obras juveniles de García Lorca, inmediatamente se armará ante nuestros ojos ese mismo melancólico cuadro que Luis Cernuda, otro poeta andaluz, ha descrito como la "Andalucía romántica", en cuya soledad un pájaro canta y una mata de albahaca derrama su perfume. Una gran pereza morisca invade al lector que siga de cerca estos libros, y un arrullo de fuente, una quietud de olivar encantado, un agorero grito de zumaya le distraen de un mundo que se siente ajeno y distante. Riquísima en folklore vivo, diario, Andalucía ofrece el loto del olvido a sus poetas, los devora, los consume, los enloquece dentro de sus colores y sus desgarrados cantos. Otro gran poeta andaluz, Fernando Villalón Daóiz, grande amigo de García Lorca, mostró con cuánta dignidad puede sucumbirse al colorido y cuán noble puede ser el apego poético a una tierra amada y brillante.

En lo más sensible de García Lorca, desde la infancia, Andalucía fue prendiendo esa llama romántica que le es propia, y con la que inflamó la curiosidad de Teófilo Gautier, despertó el calor de Próspero Mérimée, conminó a una entrega total, ingenua y generosa, a Washington Irving, y cubrió de suspiros y de melancolía al Vizconde de Chateaubriand. García Lorca quedó marcado, desde su nacimiento, para un irrecusable romanticismo, que se amamantó en la lectura cariñosa, infantil, de las grandes obras clásicas andaluzas, que estamparon, románticas estampas, grabados de Doré, su carácter inconfundible en la cera virgen de aquella adolescente imaginación: la riquísima poesía morisca; los hispano arábigos medievales, de un sensualismo tan arrebatador; los mudéjares, forjadores de dramáticos romances; los maestros del siglo de oro, Góngora, Herrera; y, especialmente, las más solventes firmas románticas: Zorrilla, el Duque de Rivas, a quienes más tarde había de continuar, con colores tan propios y palabras tan personales.

El tributo más entero y apasionado de García Lorca a la tierra que le crió, es el bellísimo libro *Poema del cante jondo*, en el que nuestro poeta arrastra valientemente, y a la luz de su más clara conciencia, el regionalismo más descabellado, entregándose con ciego fanatismo a una orgía de color local, exaltación del folklore de la gitanería andaluza, gran misa cantada en consagración religiosa y profana, mística y sensual, de las más superficiales exterioridades de la pinturería, los nombres, las manchas, los gritos que le hirieron desde la infancia y constituyeron su mitología propia desde la más temprana edad, impresionando vivamente su imaginación. Pero es aquí la poesía tan diáfana y tan cristalina, de tan sutil transparencia, que se mira el fondo, como en unos claros ojos o en un joven estanque, y no solamente el primer plano para miopes de los Álvarez Quintero, Pemán y demás folkloristas.

He aquí otra vez las ecuaciones arábigas, morunas, los versos breves y cargados de sentido; pero esta vez ya sin la vaguedad aérea de los primeros poemas, que ha sido sustituida por la precisión dibujística, la puntería en las certeras imágenes, los gritos ya orientados hacia una emoción particularmente perseguida y encontrada con el mayor acierto. Estallando ya, contenida trabajosamente, como la encina en la bellota, la riqueza admirable y maravillosa propia del poeta se ve aquí casi reventar, comprimida, simulando estar encadenada y mutilada en aras de la limpia pureza de los colores simples y las emociones primitivas.

¡Qué gran hazaña! ¡Qué acto de fuerza y de mérito enormes! A sabiendas de que estas sirenas pierden siempre a quienes escuchan su canto, García Lorca, lejos de taponarse con cera los oídos, o de amarrarse prudentemente al mástil, entregó su gallarda nave a las desprestigiadas playas del colorismo, aun viendo entre arena, triste ejemplo, la calavera hueca y lamentable de Gabriel y Galán. Empero, poseedor de la raíz mágica, el autor del *Poema del cante jondo* no fue ni derrotado ni abatido, sino por el contrario, glorioso conquistador. No bajó su poesía hasta el cuadro fácil, hecho, sino que exaltó hasta el cielo elevado del arte la inspiración recogida en la calle, en el café cantante, en el cortijo.

Más que poemas, son los de este libro informes fragmentos de poesía, aunque altamente valiosos, como la pedacería de oro que compran los joyeros y los dentistas. Gritos líricos, notas sueltas y desnudas, de una desgarradora precisión. Candentes clavos hondamente clavados, como hitos, sin formar un dibujo ni un designio, como en una pared sobresaltada en el espíritu del lector. Sin embargo de su fuerza asombrosa y de sus prodigiosos encantos, el *Poema del cante jondo* queda reducido, dentro de la obra del poeta, a un segundo término, el grado de una demostración, de un ejercicio sorprendentemente realizado, pero de un vuelo menos espacioso que los otros libros.

Pronto cae García Lorca en el romance, contribución que no pudo negar a su suelo, de tan brillante historial romántico. Hemos de ver las lecturas del niño convertidas en la geniales obras del poeta. Los ejemplos propuestos habrán de ser superados y vertidos a nuevas tendencias en tal forma, que apenas será posible reconocerlos, y no por otra cosa que por el tronco común al que con los nuevos convienen. Zorrilla, que tiene de semejante a García Lorca el haber sucumbido a "la solicitación del espíritu nacional", con frase de Narciso Alonso Cortés, empleaba el metro romance para relatar truculentas historias en que apenas borrosa y torpemente se recurre alguna vez al color, y tardaba exactamente trescientos ochenta y tres versos en describir a los mismos gitanos que a García Lorca —bronce y sueño— le cuestan dos palabras. Escogido este autor al azar entre los representativos de su época, como pudo serlo don Ángel Saavedra, o, menos precisamente, Martínez de la Rosa o Hartzenbush, es muy significativo el que en todo momento García Lorca le sea marcadamente superior en todos los aspectos líricos, aun cuando quizás tengamos hoy un concepto de lírica diverso del que pudo privar en la época en que en la misma ciudad de Granada en que García Lorca fue cobardemente asesinado, a Zorrilla, entre ovaciones delirantes, se le impuso una corona, en premio de versos que hoy, pasada la edad de la oratoria y el espectáculo, nos parecen intolerables.

Otro hilo que enlaza estrechamente a García Lorca con los románticos, sus ascendientes, es la afición al teatro. Los poetas españoles del siglo pasado sintieron gran debilidad por el brillo de las candilejas, y fue el dramático el género que más cerca del pueblo se mantuvo en esa época, y el que produjo literatura más brillante. Salvo el semialemán Gustavo Adolfo Bécquer, liederista y soñador fuera del sitio de melancólicas brumas góticas, los poetas hispanos, de sangre caliente, gustaban de arrojar su producción a un público apasionado que la discutiese con aplausos o silbidos. No se encerraban en su propio aprecio, ni les satisfacía el comentario elogioso y sagaz de unos cuantos amigos, y se enfrentaban valientemente a la opinión popular. Sofocada la reacción moratiniana contra el teatro de Calderón, el ingenio español continuó produciendo piezas de gran libertad, y de versificación fácil, que llenan de nombres muy luminosos los programas de gran parte del siglo. García Lorca es un heredero de esta corriente de restauración del gran teatro del Siglo de Oro, al que tan desacertado sería llamar clásico, y puede considerarse, después de la deplorable etapa en que ejercieron la hegemonía sobre las tablas españolas el desmedulado benaventismo, el mixtificado folklore quinteriano y la basura jocosa de Muñoz Seca, el restaurador del teatro de auténticas fuentes populares, y el nuevo apóstol de la libertad que proclamaron los grandes genios, con quienes trabó las más íntimas relaciones, al estudiar muy empeñosamente, y con el cariño más acentrado, la obra de Tirso, de Moreto, de Rojas, de Alarcón, del enorme Calderón de la Barca, y, sobre todo, de Lope de Vega, su astro tutelar más amado, y quien muchas veces le iluminó con la antorcha lírica y con la lámpara dramática.

Para quienes cometan una lectura rápida y superficial de García Lorca, no se revela desde el primer momento esta verdad; García Lorca era un poeta sumamente estudioso. Aun cuando con frecuencia parezca descuidado en la forma, y aunque dé en todo momento la impresión de estar absolutamente solo, improvisando una creación estrictamente personal, no era un inconsciente. "Al contrario —nos dice él mismo— si es verdad que soy poeta por la gracia de Dios —o del demonio—, también lo es que lo soy por la gracia de la técnica y del esfuerzo, y de darme cuenta en lo absoluto de lo que es un poema."

La más importante fuente de estudio de García Lorca fue siempre la lectura esmerada y atenta de los grandes autores, y muy principalmente de los castellanos; pues, por el contrario de la generalidad de los poetas de todos los países, se dio cuenta de que la de su propia patria es una literatura lo bastante rica para no volver los ojos a ninguna otra y poderse nutrir a sí misma. La lectura de las obras líricas de Lope de Vega impresionó mucho a García Lorca, que desde sus primeros libros recuerda siempre y cita con afecto respetuoso al Fénix de los Ingenios. Para el teatro de la Barraca hizo felices adaptaciones de las obras empolvadas de Lope, remozándolas, embelleciéndolas, enriqueciéndolas con música y danza, y penetrando en su sentido totalmente. Tomó del genio dramático de Lope enseñanzas que llevó a sus propias comedias: la clara separación de

236

los personajes en francamente trágicos o cómicos, y encomendar estos últimos, como en todo el teatro del Siglo de Oro, a los criados; la división de las escenas; el arte de intercalar entre versos menores, otros de mayor calidad, que García Lorca imita entreverando con la prosa versos, etc. Muchas de las figuras más brillantes y a que mayor importancia debía dar García Lorca en sus obras dramáticas, están contenidas en Lope; sólo un ejemplo: la rosa, predilecta imagen del autor de *La rosa blanca*, como de Calderón, que la refiere a la vida en un soneto inmortal. La rosa mutábile, eje de *Doña Rosita la soltera o El lenguaje de la flores*, no es sino "aquella rosa que nació del sudor de Latona, de quien se dice que al alba está blanca, al mediodía roja y a la noche verde", según refiere Lope en su *Arcadia*.

Por franco y claro, por sensible a la simple vista, no quiero desarrollar más el tema dilatado y prolijo de cómo García Lorca bebió su mejor inspiración y adquirió su sabor rancio y castizo en Lope de Vega. Antes prefiero nombrar a otro poeta cuya presencia en el de Granada está más disimulada, y quizás algunos no han visto con diafanidad, y que representa otra de las voces capitales que es posible escuchar en García Lorca: aludo a Ramón Gómez de la Serna, figura enorme en la historia de la literatura castellana.

Gómez de la Serna ha escrito muy profusamente, y no todo lo que ha publicado significa lo mismo para la poesía. Ha introducido innovaciones en la novela, el teatro, la conferencia, y muchos otros géneros; pero, aunque en prosa, lo mejor que ha hecho es poesía, o, mejor, ha puesto, por millares, y tan castamente como los peces, huevos de poesía, que no le han costado ni el dolor ni la vida que a los verdaderos poetas cuestan los poemas, esa letra que con sangre sale. Intrépido Colón turista, se ha dedicado a romper deportivamente los cascarones de nuevos mundos, a ver con ojos más audaces las cosas, a revestirlas de vida, de actos, de sorpresas, de sentimientos; a relacionar unas con otras, en el mundo de lo considerado inanimado, las personas físicas o morales que no lo fueron hasta que él las marcó con su soplo, haciendo catecúmenes de cuantos objetos cruzaron a su paso, o en el de su imaginación voladora. Los hijos que Gómez de la Serna llevó a bautizar, García Lorca los confirma, ya grandes y seriecitos; y pasan a ser habitantes empadronados en el mundo poético, sin asustar ya a nadie, dichos ya con voz de verdad, audaz y concienzudamente, al mismo tiempo. Lo que en Gómez de la Serna son inusitadas sombras, absurdos sombreros, súbditos copetes, extrañas colas que arrastran las cosas detrás de sí, en García Lorca son piedras fundamentales del edificio poético, en que la realidad vulgar está dejada de lado, saltada a la torera. Se puede rastrear en la obra farragosa y piramidal de Gómez de la Serna, el origen de muchas de las figuras familiares a García Lorca, y, desde luego, el método de introducirlas y la inciativa de llamarlas.

La poesía reducida a fórmulas, y a pastillas, que Gómez de la Serna y Juan Ramón Jiménez sugirieron a García Lorca, da un tinte muy particular a sus romances y los hace diferenciarse netamente de los de los románticos, de los anónimos antiguos, de quienes, sin embargo, está más cerca, y aun de los de Góngora, a los que en no pocos momentos tomó por modelo. Parece que García Lorca tuviera siempre a la vista los romances del Duque de Rivas y de Zorrilla, para ir cuidadosamente evitándolos, como si se propusiera negarlos en todas sus partes, en una especie de "copia negativa", explicable, tal vez, psicológicamente, por un proceso semejante al de la "alucinación negativa" que describe Freud como "arte de no ver ni reconocer a las personas". Sin embargo de que en los de García Lorca todas las espaldas les están vueltas, los romances de Zorrilla y del Duque de Rivas están aquí desairados, pero presentes. Se les reconoce como a las palabras contenidas en un significativo silencio; se les alude por sus contrarios.

Cuando los románticos gastaban varias carillas en desarrollar una idea ramplona y tendiente a ahorrar al lector todo esfuerzo imaginativo, García Lorca comprime sus poemas a cortas líneas, hinchadas de un contenido riquísimo. Se piensa que fueran el pinciano y Saavedra y no García Lorca quienes leyeron en Lope, en aquella "Respuesta a un papel que escribió un señor de estos Reinos en razón de la nueva Poesía", lo que "decía el doctor Garay... que la poesía había de costar grande trabajo al que la escribiese y poco al que la leyese". Poco de imaginación y mucho de brazo costaba a los escritores del XIX, cuyo público, si tenía que fatigarse leyendo, de pensar descansaba. García Lorca, que no gasta mucho papel, exige del lector una colaboración, un esfuerzo que viene a ser verdadero encanto, para ayudarle a seguir y a desarrollar las bellezas que se limita a sugerir, a nombrar con palabras mágicas.

Nuevamente encontramos en los romances el sello que advertimos en las canciones: amplitud, grandeza, ambición, dentro de concisión y brevedad inusitadas. García Lorca, que llevaba en las venas mucha sangre morisca, heredó de los árabes el gusto de la música reducida a líneas, y la capacidad de hacer álgebra con todas las cosas. Sus poemas son invocaciones cabalísticas, son fórmulas, polinomios sujetos a amplios desarrollos, indicados apenas, como en las líneas tímidas de un plano las atrevidas elegancias de una arquitectura, en la brevedad de las letras, mudas entre sí, y que se confían del todo a la imaginación del lector. Estos romances, lejos de ser detalladamente descriptivos o de permitir la acción de sucesos dramáticos, con movimiento interior, son sólo cuadros que representan un momento, haciendo partir de él, inmóvil, los innumerables hilos poéticos, como muchos pétalos sobre un tallo. Los romances populares, los románticos, y aun los de Lope y los de Góngora, siguen otra conducta: se desarrollan en el tiempo, encontrando a su paso los incidentes poéticos. Cuando un romance tiene asunto activo o desenvuelve un argumento, García Lorca lo convierte, a la manera de un pintor primitivo, en la sucesión de unos cuantos cuadros fijos de los momentos fundamentales, como el Vía Crucis. Este sistema se ve muy claramente en el Martirio de Santa Olalla, y en las dos fases, prendimiento y muerte, de Antoñito el Camborio. El autor, al escribirlos, se de-

239

ja inflamar únicamente por la inspiración lírica y olvida por completo su talento dramático.

*Mariana Pineda*, que casi puede considerarse la primera obra que García Lorca escribió para el teatro, toda en verso de distintas medidas —ocho, once, catorce sílabas— conserva esta característica; en ella, García Lorca es todavía más poeta que dramaturgo; la obra vale por el generoso aliento que la insufla, por la noble actitud del poeta, que ha escogido un bellísimo pasaje sentimental para dar salida a sus altos y juveniles afanes libertarios, y por el puro y exquisito sabor romántico de algunas de sus escenas. La trama, en realidad, es infantil, y los golpes dramáticos, todos ingenuos, inspirados en el teatro para niños grandes del XIX español, están dados con la poca habilidad de un principiante. El lector crítico no puede reprimir una sonrisa al encontrarse en mitad de un acto con esos aldabonazos entre la lluvia, con cuatro conspiradores embozados, con el villano que reclama amor de su víctima, la heroína que le aborrece. Pero no es una sonrisa de desprecio, sino de cariño; la misma que dedicamos, al mirar los álbumes de familia, a los sombreros que usaron nuestras madres en su juventud. "Eran unas modas ridículas", dice el joven imprudente en *Doña Rosita la soltera*, sin darse cuenta del contrasentido que implica su frase. "No —responde doña Rosita—, eran unas modas muy bonitas." La sencillez con que García Lorca trata estos asuntos, cayendo deliberadamente en el romanticismo, es del mejor gusto, y no es producto de una tendencia a lo cursi, sino de una comprensión entrañable de lo que aquello fue, como si lo hubiera vivido. Nadie con tanto orgullo como García Lorca podría reclamar el mérito de haber rescatado del desprestigio en que se hallaban cautivos estos golpes románticos, tan conmovedores, si se les quiere comprender, tan bellos, para quien los aborda sin prejuicios.

Lo que le ha salvado en este caso, y más tarde en muchos, es la gracia, la simpatía. Siempre fue por excelencia un simpático, un hombre de conversación adorable, brillante, risueña, infantil, y con chispas de genial, desconcertante y atrevida en ocasiones, deliciosamente fluida en otras veces. Moreno Villa dice que García Lorca fue siempre un chico, y con frecuencia un farsante. Tenía madera de histrión (como Gómez de la Serna). Muchas cosas las hacía no porque le saliera del fondo del pecho, no por poesía, sino por teatralidad, por espantar al público, por darla de novedad o simplemente por sorprender, como un niño, a las gentes. Era el antipedante. Siempre hizo ostentación de una incultura que no tenía, y de una supuesta incapacidad para toda otra cosa que lo Absoluto, como el poeta francés a quien ni siquiera leía, pues siempre se negó a aprender idiomas.

Muchas veces, con gracejo, con humor, imitó los versos de sus compañeros. Era sumamente maleable; lo que tenía más cerca dejaba en él una marca profunda. Cuántos de sus temas podrían rastrearse en las lecturas que en la Residencia de Estudiantes hacía Moreno Villa de sus versos de anoche, de sus carambas. Así los relojes, las selvas, muchos asuntos que explotó por su cuenta, inconsciente del plagio, y con las manos lavadas por el agua de la genialidad, de que era un manantial inacabable. Si no era un asunto lo que le daba Moreno Villa, sino un libro, por ejemplo aquel tratado sobre rosas que encontró cuando era bibliotecario de la Facultad de Química, entonces Federico producía una pieza de teatro, en cuyo primer acto enumera a las rosas que aprendió en aquel volumen. Sabía devolver lo que tomaba y lo devolvía con creces, convertido, florecido, más rico. Así lo que tomó de sus compañeros, lo que tomó de los románticos, lo que sacó de sus lecturas clásicas. Nadie conocía luego las cosas, barnizadas de genio, y de gracia.

La segunda obra teatral importante de García Lorca es *La zapatera prodigiosa*, en dos actos, compuesta a imitación de Galdoni y bajo la influencia de Crommelynck; esta pequeña comedia, en que constantemente se derrama la gracia peculiar de García Lorca, y su atributo más característico, le conquistó un público muy numeroso y le permitió figurar ya como uno de los más sólidos valores del teatro español contemporáneo.

Es entonces cuando García Lorca se atreve a tocar una nueva cuerda. Aún insatisfecho de lo conseguido en *Mariana Pineda* y seguro de que habrá de inmortalizar en otra obra el ambiente de su querida Granada romántica, deja el Darro y el Genil, cauces de suspiros, para bajar a la Andalucía llana, y beber, como una ardiente manzanilla, o roja sangre, la fuerza solar de los campos, cuyos más bellos cuadros lleva a la escena con maestría admirable y grandeza imponente; sobreviene, primera obra maestra, la tragedia en prosa y verso, en tres actos, *Bodas de sangre*.

Una de las influencias que por esta época mayor impresión ejercieron sobre García Lorca fue la de su amigo Manuel Machado, a quien precisamente hacia estos años, y con motivo de los homenajes a Góngora, aceptaron los jóvenes como uno de los más grandes poetas de España, digno, por tanto, de pertenecer al aristocrático grupo de amigos del Príncipe de las Tinieblas. Una poesía de Machado, "Adelfos", causó siempre a Federico honda huella, encauzándole por su sentido y casi por sus palabras. Y la gran autoridad que Machado adquirió sobre nuestro granadino por muchos otros y en especial por este poema, sirvió para que un accidente en la vida literaria de Manuel, orientara y decidiera a Federico. Me refiero a la obra de teatro *La Lola se va a los puertos*, que se hizo muy popular en España y que en México puso la compañía de María Guerrero chica. *La Lola se va a los puertos* es una comedia poética, con versos, con guitarras, con Anadalucía. García Lorca quiso imitarla. Su genio no permite siquiera reconocer esta imitación. De tal modo supo ponerse por encima de ella, que sus obras y la de Machado resultan disociadas por completo, distintas de sus proporciones y en su alcance, aun cuando hayan partido de la misma meta. En realidad, el ejemplo de Machado sólo ha sido un pretexto, una espita que permitió a García Lorca estallar en toda su fuerza y en toda su poesía, con ese volcán de sangre y versos que es la pieza de que estamos ocupándonos.

Obra magnífica, que si exteriormente no es sino una sucesión de escenas andaluzas brillantemente presentadas y entremezcladas con sueños poéticos, lleva en el fondo, como un alma resistente y sombría, una oscura corriente de fatalismo griego; todos los personajes, hiperestésicos, se sienten caer entre sombras hacia actos que al fin aparecen, tan terrible e inevitablemente como los cometas cumplen sus órbitas en el cielo. Muchas de las ideas que vuelan en el *Poema del cante jondo*, presagios, canciones, cuchillos, se concretan aquí, y se dejan caer, precisos e inflexibles, sobre quienes en vano habrían tratado de evitarlos. La tragedia es un río crecido que arrastra a su paso ramas y casas. El hombre propone, y fuerzas oscuras, mágicas, disponen. Vaga en el aire un fatalismo respirable. Las adivinaciones se suceden. Los personajes, desde sus nublosas frentes, sienten venir las desgracias y no son capaces de detenerlas. La muerte es una de las figuras en escena; todos la miran, la conocen, y en el momento en que los astros lo indican, acuden a ella inconteniblemente. Prometeos en invisibles y casi voluntarias cadenas, ven llegar al Destino a roerles las entrañas, y no tienen un movimiento para libertarse, sino sólo un grito, una imprecación dolorosa y una aceptación desgarrada. ¿Qué fuerzas deterministas arrolladoras son éstas, la sangre, el deseo, atavismo, medio físico, que tan cruelmente manejan los hilos del drama?

La segunda tragedia, en prosa y verso, que García Lorca da a las tablas, tiene ya un tema más concreto. *Yerma* es una prolongada protesta contra la incapacidad, un agudo y penetrante estallido de todas las fuerzas de rebelión que hay en el poeta, en contra de la injusticia del "no poder". La columna vertebral del drama es la esterilidad de una mujer, y todos los demás personajes no hacen sino situar, enmarcar y contrapuntear este caso, ejemplo palpitante de ambición insatisfecha. Nuevamente es García Lorca un terrible fatalista. Otra vez fuerzas oscuras y misteriosas, dioses implacables que castigan por crímenes desconocidos. El ansia del poeta se levanta como una colérica llamarada y demanda justicia, ¿de quién? En *Yerma*, García Lorca mete la mano dentro de una herida y la mueve dolorosamente.

Para quien la comprende y se rebela en su contra, esta incapacidad, esterilidad, viene a ser la más espantosa y cruel de las prisiones. Invirtiendo la fórmula budista, García Lorca consigue, por la exaltación del deseo, la sublimación del dolor.

*Bodas de sangre* y *Yerma* son, por su forma, como mármoles veteados en que la poesía y el drama aparecen entremezclados, pero separables. La parte lírica, las tiradas en verso, o el tono de algunos párrafos de prosa, podrían cortarse con finas precauciones, y aún quedaría un esqueleto dramático. Esta laparotomía se hace imposible en *Doña Rosita la soltera*. La poesía está aquí de tal modo entrelazada con la comedia, que en cualquier parte de la pieza basta hacer la menor incisión para que brote el torrente poético como sangre. Ya no alternan aquí con las escenas de poesía otras que no la implican. Toda la obra, desde su base, su plan, su idea, es poesía lírica, y la más extraordinaria del poeta.

*Doña Rosita la soltera* es la obra más perfecta y completa de García Lorca, y la que resistiría, pasado el tiempo, los análisis más exigentes, si su propia grandeza, que arrebata y conquista desde el primer momento, no hiciera innecesario análisis ninguno. Como nunca antes el poeta demuestra en esta obra su honda capacidad de conmoverse y de dar a su dolor un tinte poético. Artista magistral de los matices, maneja las tonalidades en forma acertadísima, haciendo caber en tres actos todos los estados del alma, desde la felicidad más exaltada hasta la tragedia más profunda, sin recargar nada con pesos excesivos, sin insistencias ni exageraciones de mal gusto, sugiriendo, solamente, apuntando, con discreción que en nada desvirtúa la calidad y la fuerza de las emociones ofrecidas. La construcción y el desarrollo de esta comedia superan en mucho, por su delicadeza, todo lo conocido, al sujetarse a la sencillísima y clara línea de un suceso tan elemental y melódico, tan exquisitamente simple, como la diaria aventura de una rosa, que abre por la mañana, brilla al mediodía y se deshoja al atardecer. Sobre esta base finísima y maravillosamente poética, consagrada por

Calderón, ranciamente clásica desde Horacio, García Lorca desarrolla su comedia, sin más sucesos de significación y sin más personajes secundarios, sino los que sirven de apagado marco, incaracterizados, humildes, resignados a su categoría. Sin más filosofía, tesis ni psicología que las que caben dentro del tema sin forzarlo, colores tenues y poco profundos, como la iluminación de un daguerrotipo.

Un primer acto casi totalmente en verso, exaltado, llevado al clímax de la poesía, es sucedido por un segundo en el que se vierte la gracia del autor como intérprete del alma romántica española, de la que lleva parte dentro del pecho, criado en Granada en un ambiente lleno aún del perfume de aquellos tiempos a los que vuelve los brazos iluminado de un cariño inteligente. Por último, en el tercer acto, son desechados el lirismo y el buen humor, y el hueso de la tragedia queda desnudo, con tanta dignidad y hondura como en los mayores autores de todos los tiempos. La pena de doña Rosita, silenciosa, vulgar, desacreditada, teñida de una mediocridad provinciana que la hace emparentar, a lo lejos con Emma Bovary; dolor sin grandeza, sin coturnos, dolor de paredes adentro, penetra como un estilete que no derrama sangre, pero que hace el mismo daño que los espectaculares hachazos de Esquilo o los horribles tósigos de Shakespeare. Mata sin manchar y sin arrancar gritos. García Lorca, sin buscarlo, ha caído en el clasicismo; ha abandonado la libertad que arrancó del teatro del Siglo de Oro, y que ya no necesita, pues ha sido capaz de superarla comprimiéndose a una unidad más profunda y exquisita que las conocidas de lugar, acción y tiempo; a la unidad poética que reduce a una única admirable metáfora el desarrollo de la vida de una mujer.

Paralelamente a sus actividades teatrales, intentó García Lorca desenvolver un nuevo estilo poético que se distancia por completo del pueblo en que antes fincó sus raíces. Va evolucionando hacia una forma más personal, encontrando sus propias palabras y sus propias imágenes, a una manera suya, nueva y distinta, con qué enriquecer la literatura castellana. Sin embargo, como diría Gide, y pierde de vista las costas conocidas, para ir a la aventura de descubrir nuevos mundos. ¡Lástima que la muerte le sorprendiera en alta mar, y antes de cuajar en realizaciones perfectas sus nuevos poemas!

Por su curiosidad hacia todas las nuevas manifestaciones del arte, y por su estrecha amistad, que llega a ser comunión, con Salvador Dalí, toma la bandera del surrealismo en España, produciendo poemas sacudidos por descargas de novedad, como ese precioso cuento, "La gallina", en que se desata del mundo de los vivos y va a dar a las pesadillas de la vida onírica, empapándose en una lógica, una dialéctica y una poética de sueños.

De sus libros inéditos dio a conocer gran parte en periódicos, revistas, antologías y *plaquettes*. Así sus inquietantes fragmentos de *Poeta en Nueva York*; así, arrancadas del libro *Odas*, la "Oda a Walt Whitman", la "Oda al Rey de Harlem", la "Oda a Salvador Dalí", la "Oda al Santísimo Sacramento del Altar". Creación absolutamente personal, liberada de toda tradición y de toda forma, llega a tener en ciertos momentos un carácter tan desbordadamente propio y exaltado, que pierde toda significación para el lector, a fuerza de intimidad y de abstracción. Los aciertos son muy felices y de alta calidad. Pero con frecuencia el hilo se rompe, y la Poesía, echada tan imprudentemente a volar, escapa para caer en la extravagancia y en la incongruencia. En este periodo de su producción, García Lorca se ve atacado de manías que no siempre le son benéficas, aun cuando a veces culminen en hallazgos sorprendentes. *El público*, drama irrepresentable, con ideas tomadas de Whitman, es una afirmación valiente y llena de atormentado ingenio, de algunas alegres verdades del poeta, que se levanta en contra de ciertas presiones y prisiones de la moral contemporánea.

El mejor libro de esta nueva época es, seguramente, el *Llanto por Ignacio Sánchez Mejías*, el último que escribió García Lorca, y en el que ya está dominado el frenesí calenturiento de novedad. Este libro es una nueva, fuerte y hermosísima protesta de García Lorca contra la injusticia de los poderes que no conocemos. Acusa a la muerte, que torpemente corta las mejores vidas, como la de ese gran andaluz, símbolo de España, que fue Ignacio. La riqueza barroca y excesiva de las imágenes ofrece una muestra más de la inagotable riqueza del poeta.

Irreparable ya su pérdida, sólo nos queda avergonzarnos del bajo crimen en que perdió la vida, y conocer su obra, que le coloca al lado de las más altas glorias de la literatura española.

*1938*

# GARCÍA LORCA Y MÉXICO

CARLOS MONSIVÁIS

La guerra civil española lleva a México una extraordinaria corriente migratoria, que contribuye poderosamente a diversificar y afinar la modernización cultural que la revolución de 1910 inicia. Los refugiados, como entonces se les llama, impulsan la industria editorial, las artes gráficas, la investigación científica, el trabajo académico, el cine, el teatro, el periodismo, la enseñanza artística. El trabajo de León Felipe, Luis Cernuda, José Gaos, Pedro Garfias, José Moreno Villa, Max Aub, Luis Buñuel, Juan Gil-Albert, Ramón Gaya, Wenceslao Roces, Manuel Altolaguirre, José Bergamín, Manolo Fontanals, Adolfo Sánchez Vázquez, entre otros muchos, relaciona vivamente dos procesos nacionales y aclara hasta donde se puede la razón de semejanzas y diferencias.

La acción de los emigrados modifica en definitiva la perspectiva cultural de España en México, cuya tradición favorita consistía en el entreveramiento de dos falacias: "la ruptura con la Madre Patria" y la hispanidad a ultranza. Si los liberales del siglo XIX se esfuerzan en "deshispanizar" a México, los conservadores se empeñan en mostrarlo como una sucursal de la Gran Vía (Carlos González Peña inicia su *Historia de la literatura* diciendo: "La literatura mexicana es una rama de la española") y el dictador Porfirio Díaz, que dura tres décadas en el poder, evita tomar partido por una u otra corriente y prefiere fomentar la dependencia cultural con Francia. En cualquier caso, está más de moda en América Latina ser gálico que castizo.

Al finalizar la lucha armada en México y coincidiendo con la etapa republicana de España, un grupo de escritores representa en la imaginación cultural mexicana el magisterio de pueblos a

249

la antigua usanza: Ortega y Gasset, Unamuno, Antonio Machado, Valle-Inclán, Azorín, Juan Ramón Jiménez (y a la distancia, Pérez Galdós, tan definitivo en la construcción de la novela realista en América Latina. La actitud ante ellos es reverencial, se memorizan tesis y actitudes, son los modelos del papel del escritor ante la nacionalidad y el compromiso moral. Y, consiguientemente, son las autoridades incontrastables, las fuerzas espirituales a las que se contempla desde una perspectiva todavía colonizada. Un ejemplo melancólico: la desafortunada frase de Ortega, quien define a don Alfonso Reyes como meros "gestecillos de aldea". La frase devasta a Reyes, quien tiempo después le escribe a Ortega una carta humillada, asegurándole de su lealtad, insistiendo en que no está ofendido, los "gestecillos de aldea" son también universales, etc. Ortega sencillamente no responde.

Otro ejemplo, de índole distinta, es el de Valle-Inclán que en México, afirma Pedro Henríquez Ureña, "sintió el gozo de la renovación como el más revolucionario de los mexicanos", y quien escribe con cierto atraso informativo:

> Indio mexicano
> la mano en la mano…
> Lo primero:
> colgar al encomendero.

Es muy vasto el significado de la generación del 98 en la cultura de México. Despojados de sus contextos originales, encarna el conocimiento trascendente, el saber irrefutable desde el ejercicio del idioma. Los del 98 apuntalan vocaciones filosóficas, teatrales, poéticas, y encauzan la búsqueda de ideas nacionales. En el desarrollo de las publicaciones culturales de México, es fundamental la *Revista de Occidente*; a la obsesión generalizada de un lenguaje esencial, contribuyen ampliamente Azorín, Baroja, Antonio Machado. Son dioses y semidioses, y no suele discutírseles, sino aceptárseles dogmáticamente, bajo la advocación de sus zonas autoritarias, sobre todo en los casos de Ortega y Juan Ramón.

Los primeros, creo, que en el campo intelectual se acercan en México democráticamente a la cultura hispánica, son los integrantes de una promoción literaria equivalente en muchos sentidos a la generación del 27, que en México llamamos el grupo de los Contemporáneos, entre ellos Carlos Pellicer, Xavier Villaurrutia, José Gorostiza, Salvador Novo, Gilberto Owen, Jorge Cuesta, Bernardo Ortiz de Montellano, Jaime Torres Bodet. Ellos, y al respecto confío en que mi lealtad patriótica no dejará que me ciegue el chovinismo, merecen una difusión mucho mayor en el ámbito de habla hispana, son poetas extraordinarios, genuinos renovadores, los que con más ahínco y talento se proponen la modernización cultural, los primeros que, en un acto entonces próximo al sacrilegio, organizan una discusión para responderle al libro de Ortega, *La deshumanización del arte,* que juzgan impositivo y falso.

Como la generación del 27, el grupo de Contemporáneos requiere de una atmósfera liberal para la creación y la vida personal, de innovaciones formales, de asideros morales y literarios como André Gide y Juan Ramón. Las semejanzas llevan al descubrimiento tempranero. Los Contemporáneos son los primeros que en México publican y promueven a Jorge Guillén, Cernuda, Pedro Salinas, García Lorca, Vicente Aleixandre, Gerardo Diego, Garfias, Dámaso Alonso. La culminación de este proceso es la *Antología del Laurel.* En especial y desde el principio, Lorca los deslumbra. El primero que lo conoce es el burócrata del grupo, Jaime Torres Bodet, que va a España en 1928, y asiste a una comida del grupo del 27. Allí, según cuenta en su archivable biografía *Tiempo de arena*, vislumbra el geométrico lugar común:

Los demás comensales retenían ya mi atención. García Lorca en primer lugar, a quien todos tuteaban gozosamente y que dirigía a todos una palabra andaluza, rebosante de simpatía. Demostraba una viva curiosidad por saber lo que le aguardaba (a él, tan gitano y tan curvilíneo) en las calles rectangulares de Nueva York.

Es tal el entusiasmo por Lorca en México que durante su estancia en La Habana, varios escritores presionan y el ministro de Relaciones Exteriores, Genaro Estrada, lo invita en vano. Mucho se escribe entonces sobre él, pero quizás el testimonio personal más interesante de un mexicano sobre Lorca sea el de Salvador Novo, poeta y prosista extraordinario, el más agresivo de Contemporáneos, con más de un punto en común con Federico. Novo viaja a Buenos Aires a fines de 1933, busca conocerlo por intermedio de Henríquez Ureña y lo visita en su hotel, según narra en su crónica *Continente vacío* (Empresas Editoriales: México, 1964),

> Federico estaba en el lecho. Recuerdo su pijama a rayas blancas y negras, y el coro de admiradores que hojeaban los diarios para localizar las crónicas y los retratos, que seleccionaban la fotografía mejor, el ejemplar del *Romancero gitano*, que le acercaban el vaso de naranjada, que contestaban el teléfono; la voz engreída y andaluza del embajador de España, el admirativo silencio del chico que le habían dado por secretario. Por sobre todos ellos, Federico imponía su voz un tanto ronca, nerviosa, viva, y se ayudaba para explicar de los brazos que agitaba, de los ojos negros que fulguraban o reían. Cuando se levantó, mientras tomaba su baño, se volvía a cada instante a decir algo, porque se había llevado consigo la conversación, me senté en la cama. Lorca me dijo que él había estado en México cuando era apenas un pendejo, en 1910 y 11, que recordaba un temblor espantoso. Es hermano de María Caballé, la actriz, y dice a todo: "Liiiiindo".
>
> —Federico —le grita—, tenemos que llevar a Novo adonde fulano; ¡será lindo!
>
> Federico entraba y salía, me miraba de reojo, contaba anécdotas, y poco a poco sentí que hablaba directamente para mí; que todos aquellos ilustres admiradores suyos le embromaban tanto como me cohibían y que yo debía aguardar hasta que se marchasen para que él y yo nos diéramos un verdadero abrazo. Por ahora, tenía que ir a ensayar *La zapatera*, que se estrenaba esa noche misma. Allá nos veríamos para conversar después de la función, si era posible, y si no, al día siguiente yo vendría por él para almorzar juntos, solos.
>
> *La zapatera prodigiosa* reunió en el Teatro Avenida al "todo Buenos Aires", como decía Pedro. De un palco a otro se saluda-

ban, con elegantes inclinaciones leves de cabeza, las familias, los literatos. Cerca del nuestro se hallaba en el suyo Oliverio Girondo, que se ha dejado crecer unas grandes barbas, rodeado de un pequeño Parnaso en que brillaba el gran poeta chileno Pablo Neruda y la acometiva poetisa argentina Norah Lange. Cuando cayó el telón sobre aquel inusitado segundo acto, cuya habitual continuación en un tercero todo el mundo esperaba, las ovaciones fueron seguidas de una visita al camerino de Federico, que convirtió los pasillos del teatro en el escenario de una recepción mundana. Federico sonreía, estrechaba manos y torsos, sonreía; nadie quiso quedarse sin saludarlo.

El relato de Novo desemboca en el momento de la mutua franqueza, de la explicación de afinidades poéticas y homoeróticas:

En un *restaurant* de la Costanera, no elegido al azar, sino porque sus terrazas nos permitían, al mismo tiempo que comiéramos, mirar hacia el río como mar, el paseo en que aún se mira uno que otro vencido coche de caballos, la playa de que los bañistas morenos tienen que huir a veces con toda la fuerza de sus piernas, cuando el río, seco a ratos, se deja venir en un instante, nos sentamos Federico y yo, solos, como dos amigos que no se han visto en muchos años, como dos personas que van a cotejar sus biografías, preparadas en distintos extremos de la tierra para gustar cada uno de cada otra. ¿En qué momento comenzamos a tutearnos? Yo llevaba fresco el recuerdo de su *Oda a Walt Whitman*, viril, valiente, preciosa, que en limitada edición acababan de imprimir en México los muchachos de Alcancía y que Federico no había visto. Pero no hablamos de literatura. Toda nuestra España fluía de sus labios en charla sin testigos, ávida de acercarse a nuestro México, que él miraba en el indiecito que descubría en mis ojos. Hablaba, cantaba, me refería su estancia de La Habana, cuando estuvo más cerca de México y nadie lo invitó a llegar, y cómo fue ganando la confianza de un viejo negro, tenazmente, hasta que no logró que lo llevase a una ceremonia ñañiga auténtica que hizo vivamente desfilar a mis ojos, dejando para el final de su bien construido relato la sorpresa de que era un mozo gallego, asimilado a la estupenda barbarie negra, quien llevaba la danza ritual con aquella misma gracia sagrada que en España le hace empezar a romper botellas y vidrios y espejos como fatal contagio de un cante jondo. Luego Nueva York, en donde la diligencia de Onís y del resto de la Universidad de Columbia lo aprisionó lejos de la curiosidad; pero España siempre, adonde yo tengo que ir, como él tiene que venir a México, porque en México hay corridas de toros y hay indios, que son españoles, y la fuerza y la gracia trágica y apasionada, y lejos de la literatura.

—¡Pero zi tú ere mundiá! —me decía—. ¡Y yo sabía que tendría que conocerte! En España y en Nueva Yó, y en La Habana, y en toah parte me haaan contao anédota tuyaz y conozco tu lengua rallada pa hazé soneto! —Y luego poniéndose serio—: Pa mí, la amiztá e ya pa siempre; e cosa sagrá; ¡paze lo que paze, ya tú y yo zeremos amigo pa toa la vía!

Recuerdo ahora, Federico, como si te escribiera una carta que no contestarías en la prisa y el ajetreo en que vives, cómo aquella tarde tu intimidad y el fuego de tu conversación desataron la nostalgia del indiecito en evocadora elocuencia del México que presentías y que tardas tanto en certificar. Tú cantaste la *Adelita*, que sabías tan bien, y me dijiste que para ti esa canción simbolizaba todo el México que querías conocer, que *Adelita* era para ti una mujer viva, de carne y hueso, idolatrada por los sargentos, respetada hasta por el mismo coronel; fiel a su soldado, apasionada, morena y fecunda, y, hechizado por tu conjuro, por tu promesa de hacerle un monumento, cuando paladeabas su nombre, *Adela, Adelita*, yo te conté su vida. Porque en Torreón, cuando vivimos la epopeya de Villa, una criada de mi casa, que era exactamente como tú la imaginas, llevaba ese nombre cuando nació esa canción, y decía que a ella se la había compuesto un soldado. Y al proclamarlo satisfecha, con aquella boca suya, plena y sensual como una fruta, no pensaba sino en el abrazo vagabundo de aquel con quien al fin huyó por los montes de aquella estrecha cárcel de su Laguna; no imaginó jamás esta perenne sublimación de su vida en un himno que ahora a tus ojos vuelve a prestarle un corazón y que llena el mío del violento jugo de la nostalgia…

Son enormes las resonancias en América Latina del fusilamiento de Lorca y no sólo en medios culturales. Pese al significativo número que apoya psicológicamente a las fuerzas franquistas, en México la mayoría está con la República y secunda los esfuerzos del presidente Lázaro Cárdenas. Más que ningún otro hecho individual, el asesinato de Lorca conmueve y es factor decisivo en la toma de posición moral que será alternativa estética. De pronto, su poesía que era sólo conocida por un cenáculo, se difunde enormemente, y su teatro se representa por doquier. Es el mártir de la República, al que le cantan poetas democráticos y poetas comunistas. Cito un fragmento de un texto típico de 1936, de un miembro del Partido Comunista Mexicano.

> Maldición a la furia troglodita,
> a la estúpida bestia,
> que en vano quiere en su rencor primario
> cortar el vuelo a la visión despierta.
>
> Asciende intacta tu canción profunda
> y sobre el malstrom de la pelea
> deje vibrando su fulgor de luna
> tu ingrávida Saeta.

> *Oda a Federico García Lorca*
> M. D. Martínez Randón.

¿Por qué a nombre de García Lorca se desata en toda América Latina, una tan formidable oleada de cursilería, política y versificada? La culpa, pese a lo que insinúa Borges, siempre indignado porque en su encuentro con Lorca éste le citó entre los personajes culminantes de la era al Ratón Miguelito, no es del aeda granadino, como le decían, sino del modo en que fue leído y oído y todavía hasta cierto punto, es leído y oído. Apunto algunas hipótesis en torno a este gran equívoco.

1. A la obra y al personaje de Lorca, los distorsiona la magnificación del papel del poeta, último resultado del modernismo a esta divinización del rapsoda se prestaba un tanto la actitud de Lorca, en trance siempre de poesía, convencido por su propia facilidad lírica. Si a esto se le añaden las muy dramáticas y simbólicas circunstancias de su muerte, se entenderá por qué muchísimos creyeron convertirse automáticamente en poetas

venerando a Lorca y reproduciendo como podían su estilo. El contagio instantáneo del verso. Se saquea su vocabulario y se le disemina sin pudor alguno. Bastará aplicar en los versos un porcentaje regularmente distribuido de cielos, sangres, lunas, frutas, corazones, sombras, nieves, platas, ríos, gitanos, peces, llantos, estrellas, alhelíes y muertes para hacer poesía instantánea.

2. Luego de la fascinación por el modernismo, que consigue el homenaje límite: la memorización del poema por analfabetos, la poesía moderna es resentida por el público como un ataque y en México sólo a medias se permite una excepción: Ramón López Velarde, experimental y memorizable. Si la magnífica poesía de los Contemporáneos apenas consigue decenas de lectores, es porque aún se sigue en la adoración exclusiva de Darío, Nervo, Leopoldo Lugones, Julián del Casal, Martí, Luis G. Urbina, Salvador Díaz Mirón, José Santos Chocano, los Machado, Enrique González Martínez. Sin duda estos poetas son magníficos. Entonces, pregunta esta lógica a la defensiva: ¿qué necesidad hay de otros? El lector común nada quiere saber de escritores deslumbrados con la ilusión de la poesía pura, tal y como algunos la desprenden por ejemplo, de *Eternidades* y *Piedra y cielo*. Dice Henríquez Ureña de la presencia de Juan Ramón:

> Con lento y eficaz sortilegio, su mar sonoro y su niebla fosforescente nos apartarán del mundo de las diarias apariencias, y sólo quedará para nuestro espíritu absorto la esencia pura de la luz y la música del mundo.

El primer poeta que en lo que al gran público se refiere rompe el cerco es Lorca, cuya sensibilidad deriva del modernismo al que niega, y cuyas vetas surrealistas también deslumbran. El *Romancero gitano* da idea de una poesía rápidamente asible y retenible, que no desprecia al lector. Lorca es accesible, y para llegar a esta conclusión, ninguno de los admiradores populistas se asoma a *Poeta en Nueva York,* salvo para exaltar sin desentrañar, la "Oda a Walt Whitman".

3. Por su difícil sencillez, la poesía de Lorca suele producir una impresión engañosa de lectura: la posibilidad de asir con celeridad la sensibilidad de un genio y al mismo tiempo, la sensibilidad de una nación. Quien toca este poema toca a un gran artista y a la España eterna como un clavel, una reja y un duelo de gitanos. (Si hoy fragmentos del *Romancero* se ven teñidos de andalucismo turístico es, en lo fundamental, a causa de las lecturas con guía de turistas adjunto, y de las imitaciones que han acosado una gran visión original al punto de que, en una lectura descuidada, hay instantes poéticos que pueden parecer autoparódicos.) Los centenares de imitadores como plagas, las escenas radiofónicas o televisivas donde la guitarra y la ambientación de café taurino son la explicación autoritaria del "Llanto por Ignacio Sánchez Mejías", los parodistas involuntarios gritan "También ése, también" cunden en todos los países de habla hispana con efectos desastrosos. El límite es la genial (pese a todo) declamadora argentina Bertha Singerman, que hace de los poemas de Lorca vociferaciones bélicas. Ella, enredada en velos, declama "Son de negros de Cuba" como si Alemania le declarase la guerra al público. A eso se agrega por años la sensación de que es moralmente prestigioso hacer poesía revolucionaria desde el tema insistiendo en los procedimientos de Lorca. Cito un ejemplo: "El corrido de Domingo Arena", de Miguel N. Lira, donde —digamos— a la revolución en México se le aplica una óptica lorquiana:

> La Revolución cantando
> rodaba por la montaña.
> La luna en plato de lirios
> por la montaña asomaba.
> Gritaba Domingo Arenas:
> "¡Pan de dulce, pan de sal!"
> y sus gritos picoteaban
> lo blanco de la ciudad.

257

Granizo de balas rojas
hizo amapolas las calles,
en cada árbol una flor
de pajaritos de sangre.
—"Compadre: Domingo Arenas
ya viene cerca del río,
meta a sus hijas al pozo,
no importa que tengan frío"
—"Compadre: mis hijas son
en el pozo ya escondidas.
El agua del pozo está
llena de estrellas caídas".
A las ocho de la noche
el miedo atrancó las puertas;
por las rendijas entraba
la luz de las bayonetas.
Los cascos de los caballos
frotaban oro en las piedras:
los fusiles reventaban
sus flores rojas y negras...

Pancho Villa en Andalucía, o algo similar.

4. La facilidad de imitarlo usando la forma del romance tiene en un momento dado la bendición del público y de la izquierda. Si se entiende (más o menos) es un homenaje al pueblo. El criterio es de *marketing*. Antes, en 1924, José Gorostiza escribe un libro muy afín al primer Lorca, *Canciones para cantar en las barcas*, también redescubrimiento de la poesía popular a través de Gil Vicente y de Góngora:

Nadie pidiera mi sangre
Para beber,
Yo mismo no sé si corre
O si deja de correr.
Cómo se pierden las barcas
¡ay de mí!
como se pierden las nubes
y las barcas me perdí.
Y pues nadie me lo pide

258

ya no tengo corazón.
¿Quién me compra una naranja
para mi consolación?

Está poesía es finísima, pero no alcanzará lectores sino en fechas muy recientes. Le falta la energía y la convicción de Lorca y de los elementos biográficos tan impresionantes. La creación casi instantánea de un gran público en el caso de Lorca se potencia con el éxito de su teatro, sobre el que descienden, alarido en mano, todas las Divas Eximias ansiosas de presidir la máxima querella de peinetas luctuosas. La excepción y la confirmación de esto es Margarita Xirgu, que presenta a Lorca en toda América. Ella, es paradigmáticamente Yerma y Mariana Pineda y Bernarda Alba, las mujeres alucinadas y febriles, los emblemas del mundo feudal que se deshace. La recuerdo en la Ciudad Universitaria de México, ya vieja, poderosa, genialmente anacrónica. Interpretando a la rugiente y carcelaria Bernarda Alba. Al final de la gran ovación, se hizo el silencio, ella levantó las manos y exclamó "¡Federico!". El efecto era luminoso, la obsesión de la memoria trasmutada en desfile de estatuas escénicas. Más por lo común y durante una larga etapa, tanto las representaciones de Lorca como las obras por él influidas son desastrosas. Incluso una gran escritora como Rosario Castellanos no se libra del hechizo y fracaso. Cito un ejemplo de su obra dramática *Judith,* sobre una rebelión en un pueblo indígena de Chiapas:

MUJER 1
    Noche del mal agüero.
MUJER 2
    Ladra el perro a la muerte.
MUJER 3
    El perro negro que no tiene dueño.
MUJER 4
    Yo he mirado brillar entre la sombra
    igual que una luciérnaga,
    un resplandor de huesos.

259

MUJER 5
Yo he olfateado un olor de pobredumbre.
MUJER 6
Yo he teñido mi chal en el color de un cuervo.
MUJER 7
Noche de mal agüero.
MUJER 8
Nos llamaron aquí a una fiesta de bodas.
MUJER 9
Y vinimos trayendo un puñado de sal
para arrojarlo al rostro de la tierra.
MUJER 1
A amadrinar vinimos
la boda, bajo un cielo de relámpagos.
MUJER 2
La boda sobre un bosque
batido y arrasado por el incendio.

Y así sucesivamente. Sin embargo, y pese a esta pesada nube admirativa, la obra de Lorca se convierte en parte indispensable de la cultura poética en México, y anticipa y facilita la recepción de otras obras: Neruda, Vallejo, Huidobro, los propios Contemporáneos, Cernuda, Aleixandre. Y no todo es afrenta. Por ejemplo, el gran músico Silvestre Revueltas, quien dirigió en España una orquesta durante la Guerra Civil, compone unas bellísimas Nanas sobre un fragmento de *Bodas de sangre*:

Duérmete clavel
que el caballo no quiere beber
Duérmete rosal
que el caballo se pone a llorar.

Por ejemplo, el ballet-homenaje a Lorca con escenografía de José Clemente Orozco. Por ejemplo, las magníficas e innovadoras puestas en escena de *El maleficio de la mariposa* y el teatro breve, que inician en los años cincuenta un renacimiento vanguardista en México. Lorca es en nuestra cultura demasiadas cosas. En el sentido popular es la síntesis trágica de la España republicana, y es el poeta y dramaturgo español más conocido y admirado. Durante muchos años fue deslumbramiento y moda. Hoy es deslumbramiento y perdurabilidad.

*1986*

# Música

# HOMENAJE A FEDERICO GARCÍA LORCA

## SILVESTRE REVUELTAS

Homenaje a Federico García Lorca.

Silvestre Revueltas.

I  Baile

II  Duelo

III  Són.

Instrumentos.
1 Piccolo
1 Clarinete en Mi b.
1 Trompeta I ª en Do.
1 Trompeta II ª en Do.
1 Trombón.
1 Tuba.
Piano.
2 Violines I os
2 Violines II os
1 Tam-Tam Grande.
1 Tam-Tam Chico.
1 Xilófono
1 Contrabajo de cuerda.

Abreviaturas. (Pic. Clñ. – Tr. – II Tr. – Trn. – Tub. – P. – VI. – VI. – Ti.Ti. – X. – C.B.)

México Octubre – Noviembre de 1936.

menuje (Harfe)

A Luis Córdoba.

I

Baile.

Lento (Cuasi recitativo)

268

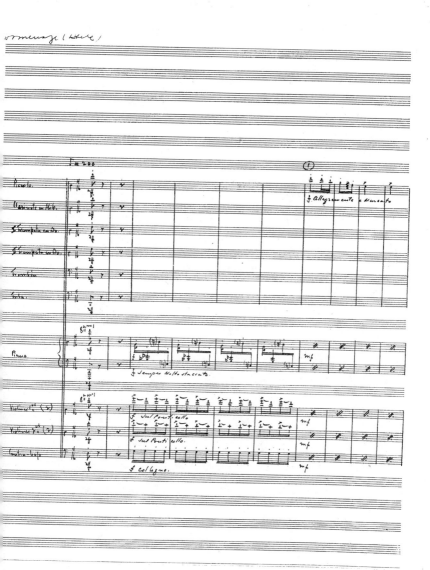

Homenaje (Ibéric)

270

271

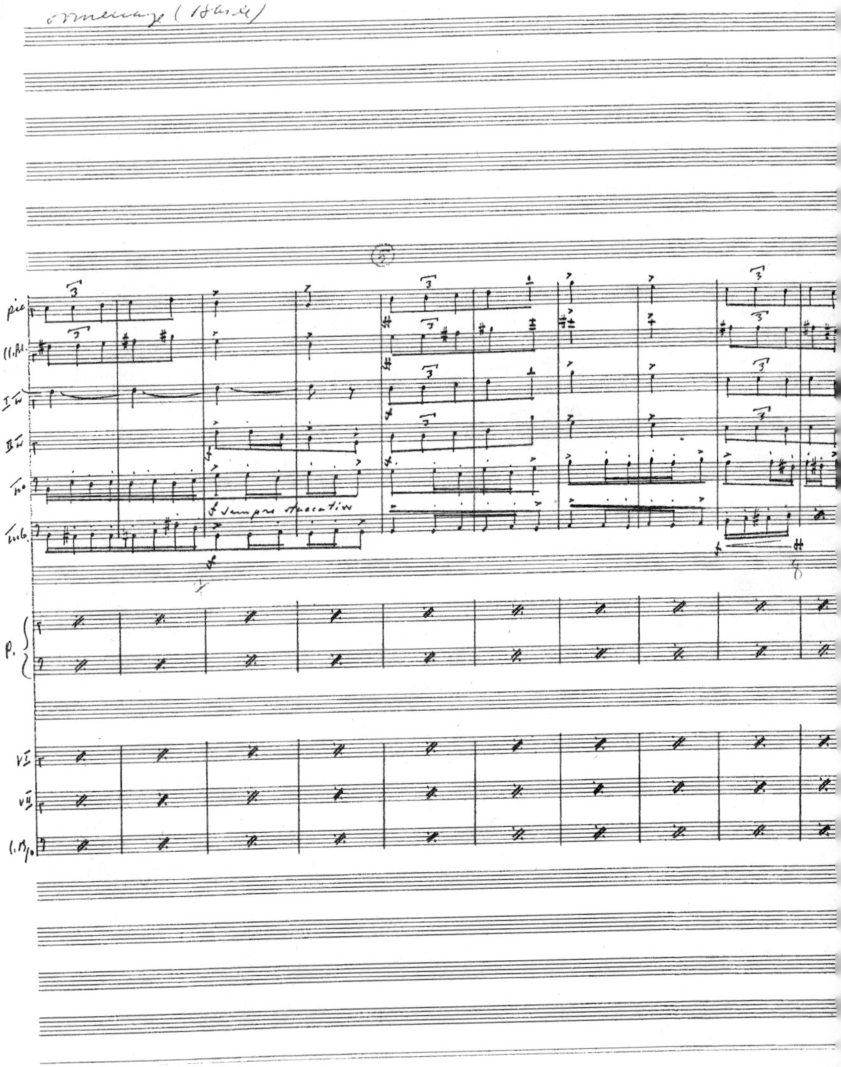
f sempre staccato

Homenaje (Baile)

275

Hommage (Halle)

277

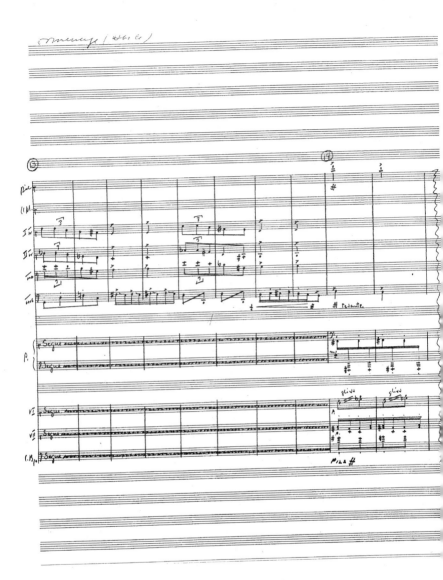

Homenaje (Blues)

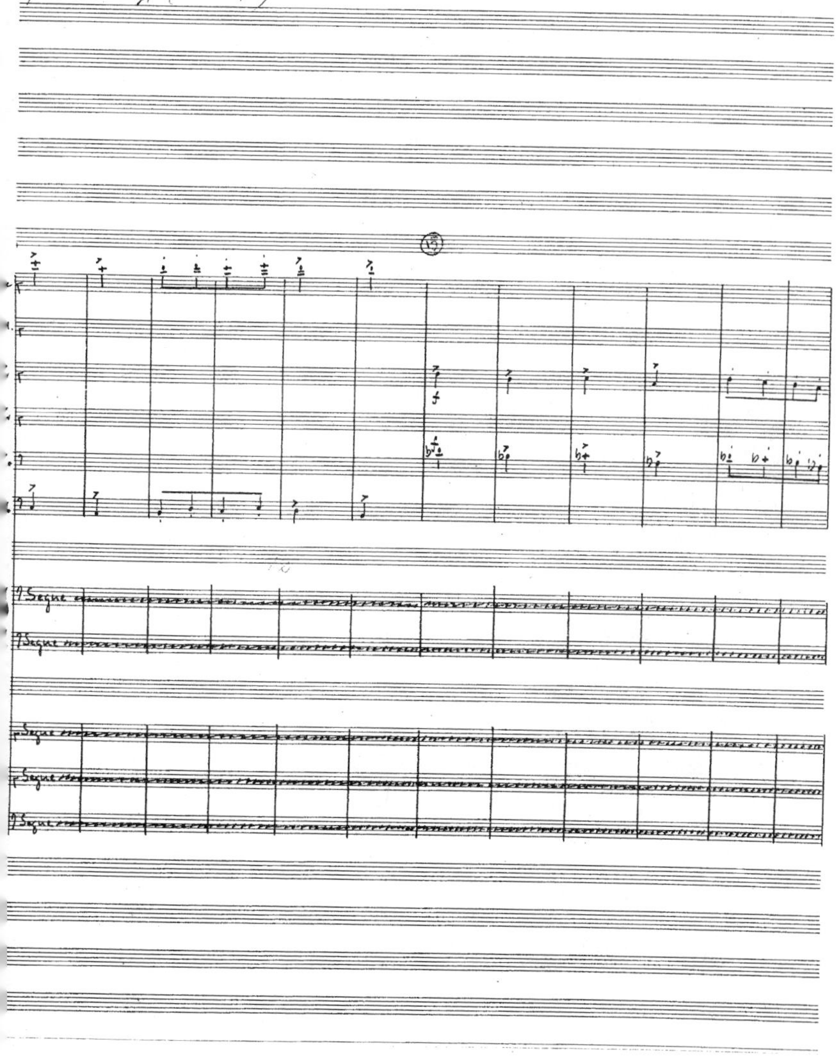

281

Hommage (Ravel)

# Homenaje (Bach)

Hommage (Phil?)

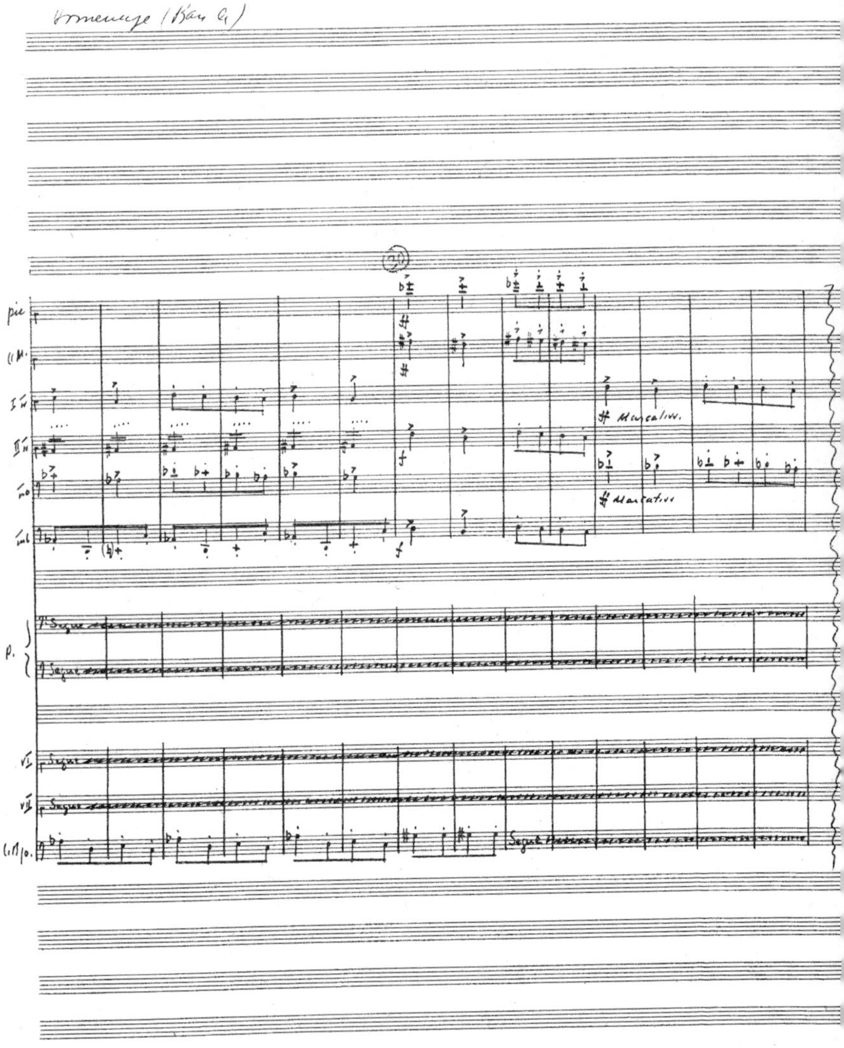
pic
Segue

Hommage (Boulez)

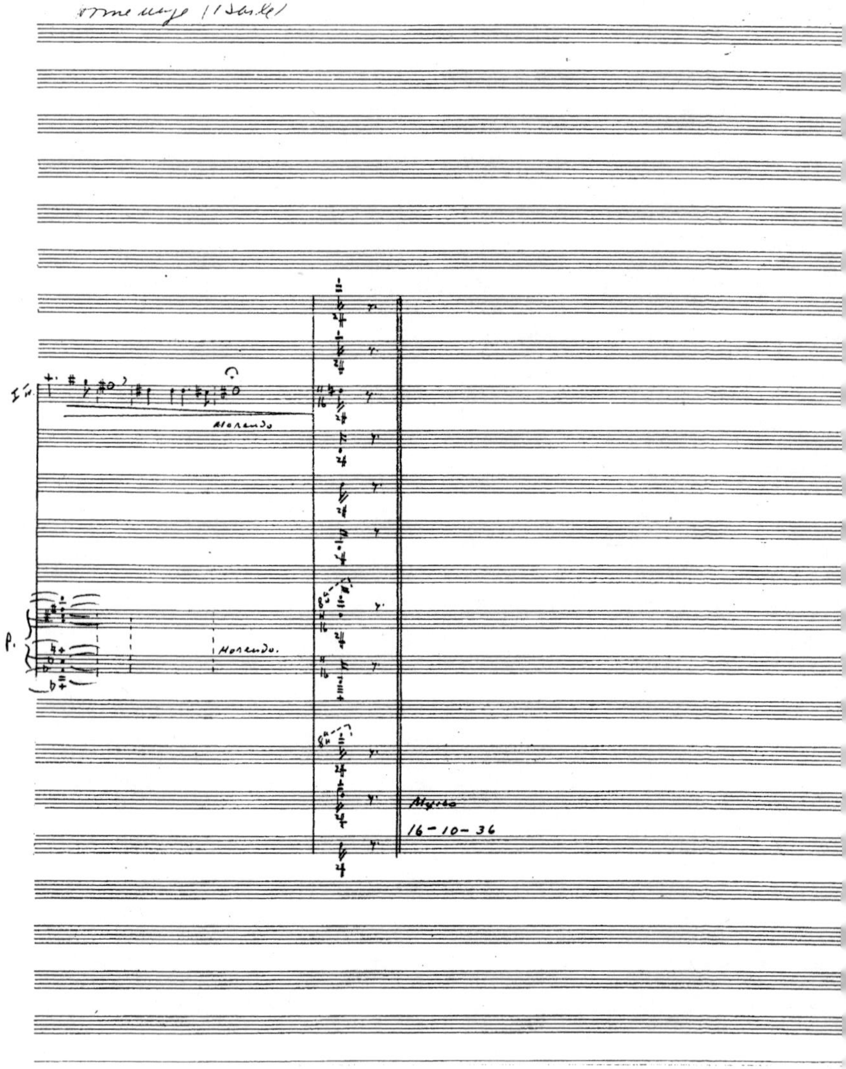
morendo
Morendo.
16-10-36

LA CASADA INFIEL

CARLOS CHÁVEZ

# LA CASADA INFIEL

*THE FAITHLESS WIFE*

FEDERICO GARCIA LORCA
*English words by*
*Noel Lindsay*

CARLOS CHAVEZ

Allegro moderato ♩=152

Mezzo soprano o Baritono

Y _____ que _____ yo _____ me _____
And _____ so _____ I _____ took _____

PIANO

Ped.  Ped.  Ped.  Ped.  Ped.  Ped.  *

ritenuto poco    a tempo    Pochissimo meno mosso ♩=144

la _____ lle-vé al rí - o _____ cre - yen - do
her _____ down to the ri - ver _____ be - liev - ing

senza Ped.    Ped.

Pochissimo meno mosso ♩=138

que e - ra mo - zue - la, pe - ro _____ te -
she was a maid - en, when she _____ was

p sempre    senza Ped.

Serie B No. 7

y se me a - brie-ron de pron - to co-mo ra-mos de ja - cin - tos.
*sud - den - ly un - der my hand they o-pened like a hya-cinth's pe - tals.*

El al - mi - dón de su e - na gua me so - na ba en el o - í - do
*My ears were full of the rust-ing of her shifts all starched and iron - ed*

co - mo u - na pie - za de se - da ras -
*just like the sound of the rip - ping of*

ga - da por diez cu - chi - llos.
*sa - tin by ten sti - let - tos.*

Sin luz de pla-ta en sus co - pas,___ los
No sil - - ver light on their bran - ches,___ the

ár - bo - les ___ han cre - ci - - do y un ho - ri -
trees have grown___ huge as moun - - tains. Dogs ve - ry

zon - te de pe - rros ___ la - dra muy le - jos del
far from the ri - ver ___ make a ho - ri - zon of

ri - o. Pa - sa - das las zar - za - mo - ras, los jun - cos y los ___ es -
bark - ing. We passed the last black-b'ry bush-es, the reeds and the haw - - thorn

pi - nos, ba - jo su ma - ta ___ de ___ pe - lo
hedg-es. I dug a hol - low ___ in ___ bare ___ ground

*f* sempre

hi - ce un ho - yo ___ so - bre el li - mo.
un - der her thick ___ et of tres - ses.

*mf* sempre

Yo me qui - té la cor - ba - ta. E - lla se qui -
Un - did my tie and my col - lar: she took off her

ritardando - - - - - - - - - - - - - - - - - - - - Ritenuto ♩ = 66

*f* sempre cresc.

tó el ves - ti - do. Yo el cin-tu - rón con re - vól -
skirt with flounc - es: I my re - vol - ver and gun

*mf* sempre cresc. *f*

297

stentato
ff sempre
accel. - - - - - -

- ver.
belt.
E - lla sus cua-tro cor - pi - ños.
Off came her bo - di - ces all four.

Più mosso ♩=120

Ni nar-dos ni ca - ra - co - las tie - nen el
There is no nard there's no conch shell so smooth, so

cu-tis tan fi - no,
fine as her skin.
ni los cris - ta - les con
Nei - ther can crys - tals in

lu - na
moon - light
re-lumbran con e-se bri - llo.
be-daz-zle with such a bright-ness.
Sus
A

cresc. poco mf

298

mus — — los _____ se me es — ca — pa —
shim — — mer, _____ her thighs es — caped

ban co — mo pe — ces sor — pren — di — — dos. _____
me like a pair of startl — ed fish — — es.

la mi — tad lle — nos de lum — bre, la mi — tad lle — nos de fri — o. _
At the touch they seemed to me half full of fire, half cold as sil — ver. _

A — que — lla no — che co — rri el me —
That night, I rode my best _____ race on the

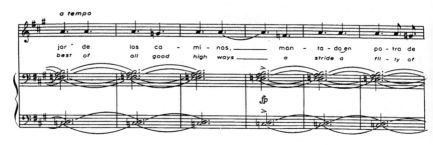

jor de los ca — mi — nos,_____ mon — ta — do en po — tra de
best of all good high ways_____ a stride a fil — ly of

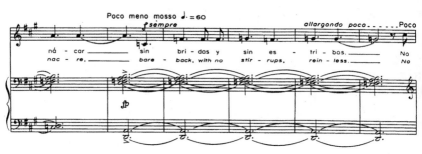

ná — car_____ sin bri — das y sin es — tri — bos._____ No
nac — re,_____ bare — back, with no stir — rups, rein — less._____ No

quie — ro de — cir, por hom '— bre, las co — sas que e — lla me di — jo. La
man would re — peat to o — thers the things she told me in se — cret for

luz del en — ten — di — mien — to me ha — ce ser muy co — me — di — do. ___
now a new light of un — der — stand — ing fills me with dis — cre — tion. ___

# SEIS CANCIONES

## SALVADOR MORENO

# Canción del naranjo seco

Poema de FEDERICO GARCÍA LORCA
Música de SALVADOR MORENO

pá_ja_ros.

*mf crescendo* *molto* *ff*

*f intenso*

Le_ña_dor, cór _ ta_me la

*ff sempre* *mp*

seco

som_bra. Lí_bra_me del su_pli_cio de

*mp*

ver _ me sin to_ron_jas._____

qué  na\_cien\_tre es \_ pe \_ jos?   El dí \_ a me da vuel\_tas y la

no\_che me co\_pia en to\_das sus es \_ tre \_ llas.

*p*

Quie\_ro vi \_ vir   sin ver\_me   y hor\_

mi\_gas y vi\_la\_nos so\_ña \_ ré   que son mis ho \_ jas y mis

# Canción de jinete

Poema de FEDERICO GARCIA LORCA

Música de SALVADOR MORENO

Cór_do_ba. Le_ja_na y so_la.

309

ja _ ca ne _ gra, lu _ na ro _ ja.

**Lento** (♩ = 60)

La muer _ te me es _ tá mi _ ran _ do des _ de las to _ rres de

**Allegro** (♩ = 120)

Cór _ do _ ba.

*liberamente*

¡Ay___ qué ca _ mi _ no tan lar _ go!

310

¡Ay\_\_\_ mi Ja\_ca va\_le \_ ro \_ sa!

¡Ay\_\_\_ que la muer\_te me es \_ pe \_ ra, an\_tes de lle\_gar a Cór\_do\_ba!

Cór\_do\_ba. Le \_ ja \_ na y so \_ la.

# ALBA

Poema de **FEDERICO GARCIA LORCA**　　　　　Música de **SALVADOR MORENO**

312

315

# VERLAINE

Poema de FEDERICO GARCIA LORCA

Música de SALVADOR MORENO

**Andante** ♩ = 56

*mp*

*p*

*p*

La can _ ción que nun _ ca di _ ré se ha dor _ mi _ do en mis la _ bios _

_ La can _ ción que nun _ ca di _ ré.

Sobre las madreselvas había una luciérnaga, y la luna picaba con un rayo en el agua. Entonces yo soñé la canción que nunca diré.

Can - ción lle - na de la - bios y de cau - ces le - ja - nos. Can - ción lle - na de ho - ras per - di - das en la som - bra. Can - ción de es - tre - lla vi - va so - breun per - pe - tuo dí - a.

318

# Cancioncilla del primer deseo

Poema de FEDERICO GARCIA LORCA     Música de SALVADOR MORENO

En la ma_ña_na ver_de que_rí_a ser co_ra_zón. Co_rá_
zón.     Y_en la tar_de ma_du_ra que_

ri _ a ser rui _ se _ ñor.    Rui _ se _ ñor._____

¡Al _ ma,          pon _ te co _ lor na _ ran _ ja___          al _ ma,

pon _ te co _ lor de a _ mor!          a tempo

En la ma _ ña _ na    vi _ va,

320

yo que_rí_a ser yo.   Co_ra_zón.

Y en la tar_de ca _ í _ da   que _ rí _ a ser mi · voz.   Rui_se_ñor._____

¡Al _ ma,   pon_te co_lor na _ ran_ja._____

Al _ ma   pon_te co_lor de a _ mor!_____

# Canción tonta

Poema de FEDERICO GARCIA LORCA

Música de SALVADOR MORENO

fri - o. Ma - má yo quie - ro ser de

a - gua Hi - jo, ten - drás mu - cho frí - o.

Ma - má bor - da - me en tu al - moha - da

¡E - so si! ¡A - ho - ra mis - mo!

*mf*  *mf a tempo*  *p*  *p*  *poco rall.*  *mf*  *p*

# AMANECÍA EN EL NARANJAL

## CARLOS JIMÉNEZ MABARAK

# Amanecía en el naranjel
## (The orange grove)

Texto de
**F. GARCIA LORCA**
Versión inglesa de
*NOEL LINDSAY*

*C. JIMENEZ MABARAK*
(1944)

326

Andante con tenerezza

(Si — lli — ta de o — ro pa — ra el mo — ro.
*(O — ran — ges and le — mons For Saint Cle — ment:

con tenerezza

(Si — lli — ta de o — ro pa — ra el mo — ro.
(O — ran — ges and le — mons For Saint Cle — ment:

con tenerezza

(Si — lli — ta de o — ro pa — ra el mo — ro.
(O — ran — ges and le — mons For Saint Cle — ment:

con tenerezza

(Si — lli — ta de o — ro pa — ra el mo — ro.
(O — ran — ges and le — mons For Saint Cle — ment:

accel.

Si — lli — ta de o — ro — pel pa — ra su mu — jer.)
Sour grapes and this — tle plants For Saint Cle — ment's aunts.)

Si — lli — ta de o — ro — pel pa — ra su mu — jer.)
Sour grapes and this — tle plants For Saint Cle — ment's aunts.)

Si — lli — ta de o — ro — pel pa — ra su mu — jer.)
Sour grapes and this — tle plants For Saint Cle — ment's aunts.)

Si — lli — ta de o — ro — pel pa — ra su mu — jer.)
Sour grapes and this — tle plants For Saint Cle — ment's aunts.)

*"Sillita de oro para el moro" is a children's guessing game in Spain, like "eeny, meeny, miny mo".
"Sillita de oropel para su mujer" is García Lorca's invention.

330

Dibujos Musicales Francisco Moncada García.

331

# ÍNDICE

*García Lorca y México* de Luis Mario Schneider, editado por el Programa Editorial de la Coordinación de Humanidades, se terminó de imprimir el 5 de junio de 1998 en Grupo Edición, S.A. de C.V., Xochicalco 619, Col. Vértiz Narvarte, 03600 México, D.F. La tipografía se realizó en Literal, S. de R.L. Mi., en tipo English Times de 8, 9, 10 y 11 pts. Se tiraron 1 000 ejemplares en papel cultural de 90 gramos. La edición estuvo al cuidado de Gabriela Ordiales y Alejandro Toledo.